CRIANZA BÍBLICA

CULTIVANDO HIJOS QUE DEN FRUTO

CRIANZA BÍBLICA

HÉCTOR SALCEDO

Colección
Integridad
&Sabiduría

La misión de Editorial Vida es ser la compañía líder en satisfacer las necesidades de las personas con recursos cuyo contenido glorifique al Señor Jesucristo y promueva principios bíblicos.

CRIANZA BÍBLICA
Publicado por Editorial Vida – 2024
Nashville, Tennessee

Adaptación del diseño: *Deditorial*

ISBN: 978-0-82977-284-5
eBook: 978-0-82977-285-2
Audio: 978-0-82977-286-9

La información sobre la clasificación de la Biblioteca del Congreso está disponible previa solicitud.

CATEGORÍA: Religión / Vida Cristiana / Crianza

IMPRESO EN ESTADOS UNIDOS DE AMÉRICA
PRINTED IN THE UNITED STATES OF AMERICA

23 24 25 26 27 LBC 5 4 3 2 1

CV 11 29 2023 0706

CONTENIDO

INTRODUCCIÓN

Aquellos individuos que posteriormente constituirán la sociedad son formados o deformados en el seno del hogar. De modo que se podría decir que el mundo irá según vaya la crianza. Siendo esto así, la tarea de criar a los hijos resulta de vital importancia. Sin embargo, a pesar de esto, la crianza es llevada a cabo por muchos padres de manera improvisada o caprichosa, y en el mejor de los casos haciendo uso de criterios superficiales que no abordan la formación de los hijos con la profundidad que corresponde, lo cual explica el agudo deterioro moral y espiritual del que somos testigos en nuestra generación.

Hay padres que a pesar de tener el deseo de hacer bien su labor, ignoran los principios bíblicos fundamentales de la crianza cristiana, por lo que, aunque tienen buenas intenciones les falta la sabiduría que la Palabra de Dios ofrece para formar a los hijos. Hay otros padres que habiendo sido expuestos a los principios bíblicos de la crianza no los aplican, sino que optan por criar a sus hijos haciendo uso de los criterios mundanos. Los primeros ignoran los principios de la crianza cristiana, los segundos los desobedecen. El problema es que, por una y otra razón, hay una gran cantidad de hijos que lamentablemente no están recibiendo de sus padres lo que deberían.

En este sentido, este libro tiene el doble propósito de traer la verdad bíblica a los padres que ignoran cómo criar a sus hijos y convicción de pecado a aquellos que han tomado un camino diferente al que la Biblia ofrece a pesar de conocerlo. Como todo libro sobre la crianza, este no es exhaustivo en cuanto a todo lo que debe decirse sobre el tema, pero trataremos de exponer lo que entendemos son las «columnas bíblicas» que nos permitirán criar a nuestros hijos de tal manera que traigan honor al glorioso nombre de nuestro Dios y sean útiles a su generación. Para ello, haremos uso de los principales pasajes acerca de la formación de los hijos y pondremos especial esfuerzo en explicar de manera sencilla su significado y detallar sus implicaciones prácticas. No obstante, hay un versículo en particular al que le pondremos especial atención por considerarlo el más completo en cuanto a la crianza, y se trata de lo que Pablo les ordena a los efesios en un momento dado: «Y ustedes, padres, no provoquen a ira a sus hijos, sino críenlos en la disciplina e instrucción del Señor» (Efesios 6:4).

❧

Una primera forma de ver este texto es notando, por un lado, que presenta lo que se conoce como *el mandato negativo de la paternidad,* el cual consiste en la orden dada a los padres de *no provocar a ira a sus hijos*. Esto es claramente aquello que los padres no deben hacer con sus hijos, algo que deben evitar. Por otro lado, Pablo también presenta *el mandato positivo de la paternidad*, que es aquello que los padres deben hacer con sus hijos, es decir, *criarlos en la disciplina e instrucción del Señor*. Sin embargo, hay una segunda manera de ver la riqueza de este versículo, y es observando que en él se presentan al menos cinco componentes que deben estar presentes en la crianza cristiana. De hecho, este libro se ha estructurado en función de dichos componentes y a cada uno se le ha dedicado uno o más capítulos.

El primer capítulo del libro, titulado «Hablemos nuevamente de crianza», expone las razones que tenemos para escribir este libro a pesar de todo lo que se ha escrito sobre la crianza, al mismo tiempo que hace un recorrido por los diversos enfoques que usan los padres a la hora de criar a sus hijos. En el segundo capítulo, titulado «El sello distintivo de la crianza cristiana», se entra en materia al abordar el primero de los componentes de la crianza presentados en Efesios 6:4, el cual se trata de la frase «del Señor». Para el apóstol Pablo, el contenido y las formas que los padres empleen al criar a sus hijos no son determinados por la cultura ni por sus criterios personales, sino que deben tener su origen en el Señor mismo. El cristiano debe criar de una forma tal que parezca que es Dios mismo el que lo hace. En otras palabras, los padres cristianos crían en nombre de Dios y para Dios. Ahora bien, criar en nombre de Dios supone ciertos desafíos para los padres, y eso es lo que aborda el tercer capítulo. En dicho capítulo se explica de qué manera pueden los padres prepararse para llevar a cabo como corresponde su rol de crianza.

El segundo de los componentes de la crianza cristiana se trata en el cuarto capítulo del libro, titulado «Más allá de la presencia física». Cuando Pablo instruye a los efesios acerca de la crianza, la primera palabra que usa es «padres». Esta es una especie de convocatoria a los padres como responsables primarios de la crianza de los hijos, lo cual pudiera parecer obvio, pero en la práctica he sido testigo de la facilidad con que un gran número de padres «delegan» dicha responsabilidad en la escuela, la iglesia u otros familiares. Es a los padres a quienes se les ordena criar a los hijos, y para hacerlo deben estar no solo físicamente presentes, sino también totalmente involucrados en las vidas de sus hijos y conectados a nivel emocional. En dicho capítulo se reflexiona al respecto y se proponen maneras de lograr que la presencia de los padres sea transformadora para los hijos.

Luego, el apóstol Pablo presenta el cuarto componente de la crianza haciendo uso de una hermosa palabra que se traduce como «críenlos» y es tratada en detalle en el capítulo quinto, titulado «Criando con devoción». La palabra que Pablo usa en el lenguaje original apunta a que la labor de los padres no debe ser mecánica ni distante, sino dedicada, apasionada y devota. La disposición de los hijos a aceptar la labor de crianza de sus padres depende de que ellos perciban que dicha labor proviene de un corazón que los atesora. Esto es una de las formas en que «fertilizamos» el corazón de nuestros hijos para recibir la semilla que tenemos que sembrar en ellos. La devoción con la que los padres están llamados a criar a sus hijos también debe manifestarse con lo que en el capítulo seis hemos denominado «pertinencia paterna». Lamentablemente, ante distintas situaciones que se presentan en la crianza, muchos padres actúan de formas que, en lugar de formar, deforman y en lugar de edificar, destruyen; es decir, actúan de manera impertinente, contraria a lo que requiere el momento.

En el séptimo capítulo tratamos en detalle el mandato negativo de la paternidad, que los padres «no provoquen a ira a sus hijos». Este es probablemente uno de los mandatos de la crianza peores entendidos y más desobedecidos por parte de los padres. La ira y el resentimiento de nuestros hijos contra nosotros hacen con nuestra crianza lo que la maleza hace con los cultivos agrícolas, es decir, los ahoga. No tener esto en cuenta implicaría que boicoteemos nuestra crianza, ya que la crianza cristiana supone que los padres tienen en consideración la forma en que sus hijos se sienten y tratan de producir una motivación a la obediencia.

Por último, la labor paterna con los hijos implica un mandato positivo, esto es, criarlos en la «disciplina e instrucción del Señor». Este es el enfoque del capítulo ocho, titulado «¡Padres, manos a la obra!». Este capítulo profundiza en las tareas fundamentales de lo que implica formar a los hijos. Es un capítulo que producirá sorpresas en algunos lectores al ver los términos que Pablo usa para describir las tareas paternas más allá de lo que muchos suponen. Personalmente, resultó tremendamente instructivo escribir este capítulo.

En esto consiste el libro que tienes en tus manos, se trata del cultivo de nuestros hijos. Su corazón es el terreno en el que tenemos que sembrar la semilla de la Palabra de Dios. Sin embargo, para que dicha semilla produzca buen fruto, debemos estar atentos a que la maleza de la ira y el resentimiento contra nosotros no germine y ahogue la Palabra. Y para esto, hay que preparar dicho terreno con el abono de nuestra presencia devota y proceder con ellos de la misma forma que Dios lo haría de ser Él mismo el que los críe. ¡Oh Señor, ayúdanos!

CAPÍTULO I

Hablemos nuevamente de crianza

A pesar de todo el material disponible en torno a la crianza, quisiera presentar cuatro razones que justifican tratar nuevamente el tema. Las razones presentadas son producto de mis propios desafíos como padre, así como de mis observaciones al interactuar con otros que se encuentran también llevando a cabo la labor de criar a los hijos.

La primera razón sería que quiero contribuir a devolver el entusiasmo a la tarea de la crianza. Para muchos padres la tarea de criar es más una carga que un gozo, la entienden más como una responsabilidad que como un privilegio. Han perdido esa alegría que debería acompañar a la crianza y se encuentran desanimados como padres. Una combinación de factores explica esta actitud de desánimo paternal. Por un lado, los padres de nuestra generación son producto de una cultura inmadura y egocéntrica. Esto hace que los sacrificios y desafíos propios de la tarea de criar los desanimen y los frustren con cierta facilidad. Sumado a lo anterior, la vida moderna es compleja y estresante. Entonces, si al desafío de criar se le suma la inmadurez de los padres y el estrés de la modernidad, se tiene la combinación perfecta para el desánimo que se observa hoy en día en muchos padres.

En segundo lugar, entiendo como una necesidad clarificar el objetivo de la crianza. Hay muchos padres confundidos en torno a lo que quieren lograr con sus hijos. Es obvio que la crianza, como toda tarea, debe tener un objetivo claro y conocido. Sin embargo, vivimos tiempos en los que muchos entienden que la verdad es relativa, es decir, que lo correcto o lo incorrecto depende de cada uno. Esta manera de ver las cosas sin duda ha influido en la crianza de los hijos hasta el punto de que hay fuertes corrientes de pensamiento que sugieren que los padres no deberíamos insistir en ningún camino específico para nuestros hijos, sino presentarles todas las opciones que están a su disposición. Así las cosas, los padres cristianos debemos tener muy claro lo que indica la Palabra de Dios en cuanto al objetivo y el propósito de la crianza y evitar ser también confundidos.

La tercera razón para volver a hablar de la crianza es enfatizar que, en esta labor, la forma importa. Algunos padres entienden que sus buenas intenciones y el objetivo correcto son suficientes al criar, sin darse cuenta de que con sus malas formas boicotean sus buenas intenciones. Parecería que al criar a sus hijos algunos padres aceptan la conocida idea de que «el fin justifica los medios», pensando que siempre y cuando sus objetivos de crianza sean nobles, las formas no importan mucho. Sin embargo, la Biblia no nos lleva a pensar de ese modo. La realidad es que la forma de lidiar con los hijos y tratarlos es de vital importancia; de hecho, resulta determinante para lograr lo que los padres se proponen en la crianza.

En cuarto y último lugar, queremos hablar nuevamente de la crianza para instar a los padres cristianos a no permitir que sus premisas de crianza sean dictadas por el mundo, sino por la Palabra de Dios. El mundo es el «sistema que el hombre ha

erigido en un esfuerzo por ser feliz sin Cristo».[1] En este sentido, el mundo tiene sus principios de crianza y muchos de ellos
difieren de los principios de crianza bíblicos. Es hasta cierto
punto inevitable que el mundo tenga influencia sobre la forma
en que los cristianos criamos a nuestros hijos, porque nadie es
ajeno a su cultura. Por el contrario, estamos inmersos en ella y
la influencia que la misma ejerce sobre la manera en que criamos a veces es imperceptible. Hablar nuevamente de crianza
nos permite contrastar si lo que estamos haciendo se corresponde con un patrón bíblico o más bien mundano.

El tema de la crianza siempre estará vigente. La expresión
de que «los niños y los jóvenes son el futuro» es conocida por todos y cierta, pero se debe agregar que ese futuro depende de lo
que hagamos hoy con ellos. En otras palabras, solo si los padres
hacemos bien nuestra labor de criar a nuestros hijos podrán
tener un buen futuro.

Modelos de crianza según su procedencia

A pesar de lo importante y compleja que puede resultar la tarea de criar a los hijos, la gran mayoría de los padres no recibe
ninguna formación al respecto. Ellos actúan de la manera que
les resulte más natural. No obstante, detrás de su comportamiento hay modelos de crianza que determinan tanto lo que
hacen como el modo en que lo llevan a cabo. Según su procedencia, entendemos que hay cuatro modelos comunes de crianza[2] que sería bueno conocer como una forma de que el lector
identifique de dónde procede la manera en que cría a sus hijos

---

1. Paráfrasis de William MacDonald, *Comentario Bíblico de William MacDonald: Antiguo
Testamento y Nuevo Testamento* (Barcelona: Editorial Clie, 2004). p. 1840.
2. Esta lista no es exhaustiva, es decir, pueden haber otros modelos que no han sido considerados, pero estos son los que entendemos más comunes.

y pueda acercarse con determinación a lo que la Palabra de Dios dispone.

El primero a mencionar es el *modelo cultural,* que sería el empleado por padres que crían a sus hijos mayormente influenciados por los conceptos, tradiciones y expectativas de la cultura a la que pertenecen. Al corregir a sus hijos, instruirlos y relacionarse con ellos, lo hacen influenciados por aquello que ven y han aprendido de su entorno. Por ejemplo, la cultura latinoamericana *tiende* a ser machista en cuanto a la relación entre el hombre y la mujer, autoritaria en su forma de relacionarse con los hijos, áspera e incluso, hasta cierto punto, violenta a la hora de ejercer la corrección y, extrañamente, también con cierta inclinación al paternalismo y la sobreprotección hacia los hijos. Eso explica muchas de las dinámicas que vemos en un gran número de familias.

Otros padres emplean en su crianza el *modelo heredado* de sus progenitores, y obviamente ese es el que se copia con más naturalidad, pues fue el modelo que se vivió y le da forma a la persona. Hasta cierto punto, este modelo pudiera estar solapado con el modelo cultural en vista de que quizás mis padres hicieron conmigo lo que la cultura les dictaba.

El modelo heredado puede repetirse de dos formas. De manera positiva, cuando los padres transmiten lo mismo que recibieron porque entienden que lo que se hizo con ellos estuvo bien, aunque no necesariamente sea así. Y de manera negativa, cuando los padres no logran sobreponerse a los profundos daños y heridas producidas por patrones disfuncionales y pecaminosos del hogar paterno y terminan cometiendo los mismos errores con sus hijos. En cualquier caso, los padres estamos llamados a cuestionar si lo que vimos en nuestros hogares mientras crecimos está en línea o no con los principios bíblicos de la crianza.

Otros han sido enseñados, instruidos y persuadidos de adoptar un *modelo teórico*. Vale señalar que la mayoría de los padres que emplean este modelo lo que tienen son un grupo de ideas sueltas más que un todo coherente de lo que es la crianza y cómo debería llevarse a cabo. No obstante, en la mente de estos padres tales ideas tienen sentido, así que proceden según sus dictados. El modelo teórico por excelencia es el modelo bíblico, y esa es la razón de que aboguemos por él en este libro.

El *modelo bíblico* sería el cuarto a mencionar, el cual evidentemente tiene por fuente la Palabra de Dios. Este modelo no se trata de una propuesta de Dios para nuestra consideración, sino más bien de Su plan para la crianza de nuestros hijos. Es obvio que los objetivos, criterios y formas del modelo bíblico serán diferentes con relación a los demás modelos de crianza. De ahí que requiramos de una combinación de valentía y humildad. Valentía, porque en muchos casos las posturas bíblicas serán contrarias a lo que la cultura propone. En este sentido, con frecuencia los padres cristianos experimentarán cierta soledad en la forma en que proceden con sus hijos. Sin embargo, se requerirá también humildad, porque la Biblia cuestionará las propias convicciones de los padres, ya sea que las hayan recibido en sus hogares paternos o las hayan absorbido de la cultura o cualquier otra fuente. Y cuando la Biblia les indique a los padres que la forma en que están haciendo las cosas no está bien, tendrán que reconocerlo, arrepentirse y cambiar.

Algo importante a señalar es que ningún padre aplica un modelo puro en su crianza, siempre hay una mezcla de modelos. Obviamente, las proporciones que ciertos padres le otorgan al modelo cultural, heredado, teórico o bíblico van a diferir dependiendo de cada familia. No obstante, debería ser un objetivo de los padres cristianos contrastar su manera de criar con lo que la Palabra de Dios dispone e ir acercándose al modelo bíblico tan velozmente como sea posible. Tal y como ocurre con cualquier aspecto de la vida cristiana, la crianza de los hijos debe ser transformada, gobernada por la Palabra de Dios. La forma como se crían los hijos es parte de la santificación del cristiano. Se supone que no haya ningún aspecto de la vida del creyente que quede fuera del Señorío de Cristo. Tal y como dicen las Escrituras: «Como hijos obedientes, no se conformen a los deseos que antes tenían en su ignorancia, sino que así como Aquel que los llamó es Santo, así también sean ustedes santos en toda su manera de vivir» (1 Pedro 1:14-15).

A modo de resumen y con propósitos didácticos, a continuación, se presenta un cuadro con los modelos explicados en los párrafos anteriores.

MODELOS DE CRIANZA

Modelo */	Descripción
Cultural	Es el que se asume de normas comunes en la sociedad que vivo, de las tradiciones y expectativas de la cultura.
Heredado	Es la que se recibe de los padres y que es "natural" replicar.
Teórico	Se adopta por haber sido convencido teóricamente o por evidencia.
Bíblico	Emana de las instrucciones bíblicas de la crianza.

¡En la crianza todos tienen una opinión!

Recuerdo cuando mi esposa y yo tuvimos a nuestro primer hijo. Como es obvio, habíamos pasado unos días difíciles luego del parto y necesitábamos distraernos un poco. Pensamos que salir de la casa nos ayudaría y le consultamos al pediatra si estaba bien que lo hiciéramos con nuestro hijo de unos días de nacido. Para nuestra alegría, nos dijo que no había inconveniente y decidimos ir a un supermercado cercano. Al entrar al lugar, una desconocida vio al niño recién nacido y luego de hacer contacto visual con mi esposa le dijo: «¡Abusadora!». Mi esposa se quedó asombrada con ese calificativo que recibió. ¡En la mente de esa señora habíamos sido unos imprudentes y ella tenía que expresar su opinión!

Y así es, cuando una familia empieza la etapa de crianza de los hijos, las opiniones «llueven». La gente opina sobre cuál es la manera correcta de lactar a un bebé, cómo dormirlo, de qué forma corregirlo, qué tipo de juguetes debería tener, cómo bañarlo y vestirlo, y cuando crece, incluso qué cosas se le deben permitir o no. Tal como dijo la doctora en educación Catherine L'Ecuyer: «Suegras, cuñadas, amigas, expertos, empresas [...] En el ámbito de la crianza, todos opinan con una alegría y una contundencia que dan miedo».[3]

Ahora bien, la realidad es que cuando de crianza se trata, aunque muchos opinan, muy pocos saben realmente lo que están hablando. George Barna[4] declaró: «La investigación sugiere que la mayoría de los padres hablan del juego de la paternidad mejor de lo que lo juegan, en gran parte porque tienen nociones muy vagas sobre el proceso y el producto».[5] De ahí la importancia de que se tenga claridad en cuanto a lo que se quiere

3. https://elpais.com/elpais/2017/03/15/mamas_papas/1489590314_769373.html.
4. George Barna es el fundador y presidente del Barna Research Group, una empresa que brinda servicios de investigación de mercadotecnia en Ventura, California, y se especializa en estudios de investigación para los ministerios cristianos. Barna es el exitoso autor de más de treinta libros, predominantemente en las áreas del liderazgo, el desarrollo espiritual y la salud de la iglesia.
5. «Paternidad revolucionaria: lo que la investigación muestra que realmente funciona», Scribd.

lograr con los hijos, y qué mejor guía que la Palabra de Dios para hacerlo.

Enfoques de la crianza

Ante la pregunta de qué desean los padres para sus hijos, prácticamente todos responden sin titubeos: «Quiero que mis hijos sean felices». No obstante, no todos los padres persiguen dicho objetivo de la misma forma. En este sentido, independientemente de la procedencia del modelo que empleen al criar, los padres tienen distintos enfoques para perseguir lo que quieren para sus hijos. Basándonos en nuestras observaciones, a continuación presentamos una lista de los enfoques más comunes de la crianza. No queriendo ser simplistas al referirnos a estos enfoques, debemos aclarar que es frecuente que los padres empleen más de uno al criar, e incluso que quizás utilicen algunos no considerados aquí.

1. Enfoque refugiado

Los que emplean este enfoque entienden que «criar es cuidar». Mantener a los hijos vivos y sanos. Bajo este enfoque, la idea es que aunque reconozco que estoy siendo algo hiperbólico, los padres entienden que cumplen con su rol si les proveen a los hijos alimento, vestido, techo y atención médica. Si les preguntas a los padres si hacen uso de este enfoque, probablemente lo negarían. Hasta cierto punto, casi todos los que tienen hijos están conscientes de que la crianza es mucho más que mantener a los hijos vivos y sanos. No obstante, en la práctica, cuando vemos en las agendas de los padres qué tiempo invierten en sus hijos, se llega a la conclusión de que muchos hogares funcionan más como «campos de refugiados» que como una familia.

2. Enfoque monástico

Los padres que emplean este enfoque tratan de evitar que sus hijos se contaminen moral o espiritualmente. La idea es aislar al niño o joven de todo lo que pueda influenciarlo de manera negativa. Si bien esto es parte de la labor de los padres cristianos, pues como dice 1 Corintios 15:33: «Las malas compañías corrompen las buenas costumbres», se debe tener cuidado por varias razones. Por un lado, el desvío espiritual o moral de nuestros hijos no necesariamente viene de afuera. Pensar así sería ignorar que el corazón de nuestros hijos es pecaminoso[6] y hace que nuestra respuesta como padres sea inadecuada. Recuerdo que hace unos años uno de nuestros hijos actuó de una manera pecaminosa y decepcionante para nosotros como padres. Nos preguntamos dónde había aprendido a comportarse así. Sin pensarlo mucho, mi esposa y yo concluimos que nuestro hijo no tuvo que aprenderlo de nadie, sino que su mala actitud pudo ser generada de manera natural por su propio corazón. Eso puso la atención donde debía estar, en el corazón de nuestro hijo, y entendimos que debíamos tratar con su desvío.

Una segunda razón de por qué el aislamiento no debe ser el énfasis principal de la crianza es que podría conducir a nuestros hijos a un nivel de ingenuidad que los hace «blancos fáciles para la tentación».[7] En lugar de obviar lo malo y perverso que pasa en la cultura, los padres pudieran usar algunas de esas cosas como oportunidades para ayudar a sus hijos a crecer en lo que respecta al discernimiento.

---

6. «Pero lo que sale de la boca proviene del corazón, y eso es lo que contamina al hombre. Porque del corazón provienen malos pensamientos, homicidios, adulterios, fornicaciones, robos, falsos testimonios y calumnias» (Mateo 15:18-19).
7. John MacArthur, *Cómo ser padres cristianos exitosos* (Grand Rapids: Editorial Portavoz, 2016), p. 44.

Una tercera razón por la que debemos cuidarnos de pensar que el aislamiento evita o resuelve el mal proceder de nuestros hijos es que podríamos llegar al extremo de hacerles sentir que no confiamos en ellos en lo absoluto. Si bien es cierto que el corazón humano no es confiable (véase Jeremías 17:9) y nuestros hijos deben conocer esa verdad bíblica, la labor de los padres no puede limitarse a aislarlos, sino a formarlos de tal manera que una vez que se expongan a lo malo, sepan responder apropiadamente. Una actitud controladora de parte de los padres que comunique desconfianza deteriorará la relación entre padres e hijos al punto de dificultar el proceso de formación.

3. Enfoque administrativo

Algunos padres piensan que «criar es gestionar». Gestionar la alimentación, la educación, los deportes, el entretenimiento y todo lo demás para sus hijos. La idea es que ellos reciban «lo mejor» de cada cosa. Estos padres en ocasiones alegan que no tienen mucha paciencia o tiempo para sus hijos, pero se sienten responsables de proporcionarles las mejores experiencias posibles. Hasta cierto punto quieren «delegar» la crianza. Con tal forma de proceder estos padres comunican que el contenido que sus hijos reciben es más importante que la relación que tienen con ellos.

A nivel de las empresas, los buenos gerentes buscan a la mejor persona para que haga el trabajo, y de la misma manera los padres con un enfoque administrativo delegan en otras personas o en una institución lo que ellos tienen que hacer. Estos padres, por ejemplo, ven a la iglesia como la responsable de la formación espiritual de sus hijos. Cuando el hijo no quiere venir a la iglesia, tal comportamiento se atribuye a que la iglesia no tiene los programas adecuados o no da el seguimiento que debería. Y aunque ese podría ser el caso, con frecuencia el problema es más de la familia que de la iglesia.

4. Enfoque amistoso

Muchos padres entienden que lo más importante en la crianza es lograr que los hijos los consideren sus amigos. Ciertamente, la relación entre padres e hijos debe contener los componentes de una amistad. Los hijos deben sentir que sus padres están ahí para ellos, deben tenerles confianza. Entre ellos debería haber tal cercanía emocional que ambas partes sientan la suficiente confianza como para tratar cualquier tema. Todos estos aspectos son propios de una relación de amistad. No obstante, hay aspectos en la relación paternal que no están presentes en una amistad, como por ejemplo la relación de subordinación prescrita en la Biblia, que dice: «Hijos, obedezcan a sus padres en el Señor, porque esto es justo» (Efesios 6:1). Los hijos deben mostrar obediencia a los padres, y estos últimos tienen la responsabilidad de corregirlos y disciplinarlos.

En este sentido, los padres que han abrazado el enfoque amistoso sacrifican la relación paternal en el altar de la amistad con sus hijos. De esta forma, la relación entre padres e hijos queda desnaturalizada. Aunque el hijo siente la cercanía del padre, no lo ve como su autoridad. Por su parte, el padre piensa que si corrige o disciplina a sus hijos, estaría perdiendo terreno en su relación. Siguiendo este enfoque y con la intención de ganarse el favor de sus hijos, algunos padres se hacen cómplices de las conductas y los desvíos que estos ponen de manifiesto. De esta forma, aunque el padre logra cierta cercanía, lo hace a costa de ser indulgente. En estas condiciones los padres estarían dándole la espalda al rol que la Biblia les confiere de ser una autoridad moral y espiritual para sus hijos.

5. Enfoque académico

Hay padres que consideran que lo más importante en la crianza es la formación académica. Ellos entienden que el mundo competitivo y cada vez más profesionalizado en el que vivimos demanda y exige mayores niveles de formación. Estos padres temen que sus hijos no sean capaces de hacerles frente a las exigencias de ese mundo, que no cuenten con las habilidades o destrezas necesarias para ser exitosos. De hecho, una de las principales razones de que muchos padres adopten este enfoque es que su definición de éxito en la vida está asociada con el avance profesional y la acumulación material. Bajo esta perspectiva, la formación académica es su esperanza o la garantía de que sus hijos van a lograr ese éxito anhelado. Sin embargo, aunque la crianza incluye la formación académica, debería ir mucho más allá. En otras palabras, los padres no deberían sentirse satisfechos cuando su aporte ha sido básicamente buenas escuelas para sus hijos.

Guiados por el excesivo énfasis en lo académico, muchos padres ingresan a sus hijos en centros educacionales con excelentes programas de formación, pero sin poner atención a si cuentan con un ambiente moral y espiritual seguro para sus hijos. En ocasiones, hay padres que deciden enviar a sus hijos a estudiar lejos de ellos procurando una buena formación académica, pero ignorando que el hijo no se encuentra listo moral o espiritualmente para ello. Con esta observación no se descarta el hecho de que los hijos, luego de terminar la secundaria, pudieran irse lejos de los padres a estudiar. Sin embargo, en ese caso, los padres deberían estar atentos no solo al programa académico, sino también al ambiente moral en el que sus hijos vivirán, así como considerar si el hijo cuenta con la madurez suficiente para manejarse por su cuenta. ¡Padres, tengamos cuidado, pues el corazón es más importante que el intelecto!

6. Enfoque militar

Muchos padres piensan que para criar bien lo más importante es la estructura de normas que se les imponga a los hijos. De esta manera, estos padres entienden que son las reglas las que harán de los hijos personas ordenadas y disciplinadas, es decir, que hagan lo que tienen que hacer cuando lo deban hacer. El enfoque militar confía en las reglas como aquello que mantendrá a los hijos en el camino correcto. Por lo tanto, cuando una regla no se cumple, las consecuencias pudieran ser desproporcionadamente duras.

De forma usual, los padres que adoptan este enfoque se caracterizan por ser rígidos y distantes emocionalmente con sus hijos, ya que entienden que las reglas son más importantes que la relación emocional. Esto parece estar basado en la idea de que la cercanía emocional pudiera ser muestra de debilidad, o en un temor a que el hijo irrespete a los padres por la confianza lograda. Algo que los padres debemos tener siempre presente es que las normas o reglas en ausencia de una relación tienden a producir rebeldía en los hijos.

7. Enfoque divertido

Uno que no podía faltar es el enfoque divertido, el cual considera que «criar es divertir y entretener». Estos padres procuran con diligencia mantener a sus hijos no solo ocupados, sino también entretenidos. Obviamente, la diversión, la alegría y el entretenimiento deben formar parte de las experiencias de los hijos, pero enfatizarlos en exceso pudiera inducirlos a tener un concepto errado de la vida. Los padres con la idea de que criar es fundamentalmente divertir a sus hijos en ocasiones se sienten ansiosos o culpables por no ser capaces de producir un ambiente de celebración constante, o porque sus hijos «no tienen nada que hacer».

Las Escrituras afirman: «Mejor es ir a una casa de luto que ir a una casa de banquete, porque aquello es el fin de todo hombre, y al que vive lo hará reflexionar en su corazón» (Eclesiastés 7:2). Según este versículo, hay provecho en reflexionar en lo temporal de la vida humana. Hay incluso beneficios en pensar que la vida tiene aspectos dolorosos y aflictivos. Hacer esto nos vuelve más sensibles y misericordiosos con los que sufren, nos prepara para cuando nos toque sufrir a nosotros, y nos hace acudir a Dios, quien puede sostenernos en medio de estas situaciones. Adicionalmente, está documentado que el aburrimiento en los niños tiende a desarrollar su creatividad y autonomía, puesto que los induce a buscar maneras de entretenerse a sí mismos.

8. Enfoque materialista

Los padres que adoptan este enfoque entienden que «criar es proveer materialmente». Una motivación común de estos padres es el deseo de darles a sus hijos lo que ellos no tuvieron. En otras ocasiones, la motivación detrás de este enfoque es el concepto materialista de la vida que los padres han abrazado, pues creen que la felicidad, la plenitud o el éxito se encuentran en los bienes materiales que una persona posea. Otros padres adoptan este enfoque porque ofrece cierta facilidad en el formato de la crianza. Esto es así porque resulta más fácil darles cosas materiales a los hijos que darse uno mismo. En este sentido, el materialismo viene a ser una especie de comodín para que los padres no tengan que lidiar con los aspectos difíciles de la crianza.

A aquellos padres que han adoptado este enfoque, la Palabra de Dios los exhorta a reflexionar en la pregunta que Jesús hizo: «¿Qué provecho obtendrá un hombre si gana el mundo entero, pero pierde su alma?» (Mateo 16:26). La vida humana trasciende este mundo terrenal y temporal. Para Jesús no tiene sentido que el ser humano se enfoque en aquello que se quedará aquí al momento de la muerte. Pero más aún, lo material no llena al ser humano, no le da la plenitud que muchos creen. De ahí que Jesús también dijera: «Estén atentos y cuídense de toda forma de avaricia; porque aun cuando alguien tenga abundancia, su vida no consiste en sus bienes» (Lucas 12:15). Ciertamente, las riquezas resultan tentadoras y compiten con Dios por la primacía en el corazón humano. Sin embargo, debemos resistir su poder y evitar inculcarles a nuestros hijos dicho mensaje.

9. Otros enfoques humanistas

No podemos dejar de mencionar otros enfoques muy populares hoy en día. Están aquellos que hacen de la *autoestima* de sus hijos el aspecto más importante en su crianza. Para estos padres, sus hijos deben sentirse afirmados más que guiados. La idea es que los hijos tengan la mejor opinión posible de sí mismos. Con esta idea como «telón de fondo» en la crianza, es frecuente que el hijo no sea cuestionado en lo que respecta a sus actuaciones y maneras de pensar a menos que eso implique un daño para una tercera persona. Tristemente, bajo este enfoque los padres dejan de ser una autoridad moral para sus hijos y pasan a ser sus cómplices en los desvíos de sus corazones.

Otro enfoque humanista muy popular es el que propone una crianza basada en la conducta apropiada, es decir, en los valores morales según la cultura los entienda. Ciertamente, los valores morales son importantes en la crianza. De hecho, el compendio de valores más completo lo encontramos en la Biblia. No obstante, la crianza va más allá del comportamiento externo, ya que debe atender el corazón. Más adelante hablaremos con más detalle sobre este aspecto.

10. Enfoque redentor

La palabra «redimir» proviene del término en latín *redimire*, el cual se compone del prefijo *red,* que significa «hacia atrás, reiteración», y *emere,* que significa comprar. Por lo tanto, «redimir» significa «comprar de nuevo, recuperar».[8] Cristo ha sido llamado nuestro Redentor, ya que Él nos ha comprado para Dios por medio de Su sangre (1 Corintios 6:20; Colosenses 1:14). Y al comprarnos, nos ha dado dignidad y propósito. La palabra «redimir» se emplea con frecuencia para referirse a tomar algo y darle un buen o mejor uso, de ahí la expresión «redimir el tiempo».

La Palabra de Dios dispone y ordena el enfoque redentor para la crianza de los hijos. Este enfoque parte de que los hijos son pecadores y necesitan que sus padres los conduzcan, como evangelistas, a conocer a Dios y a Su Hijo Jesucristo. «Y esta es la vida eterna: que te conozcan a Ti, el único Dios verdadero, y a Jesucristo, a quien has enviado» (Juan 17:3). Adicionalmente, el enfoque redentor se centra en formar el carácter de los hijos según la Palabra de Dios, de tal manera que podamos «recuperar» la imagen de Dios en el ser humano que fue afectada por el

8. https://etimologias.dechile.net/?redimir.

pecado. En el próximo capítulo se trata en detalle este enfoque redentor de la crianza.

A continuación, se anexa un cuadro que sintetiza los enfoques de crianza presentados.

ENFOQUES COMUNES DE CRIANZA

Enfoque	Propósito u objetivo
Refugiado	Criar es cuidar. Mantenerlos vivos y sanos
Monástico	Hay que evitar que se "contaminen" moralmente
Administrativo	Yo los mantengo, otros los cuidan y educan mejor que yo
Amistoso	La clave de la crianza es ser amigo de los hijos
Académico	Lo importante es su formación académica
Militar	Reglas, reglas, reglas
Divertido	La mejor crianza es la diversión y el entretenimiento
Materialista	¡Mientras más tiene mejor!
Enfoque humanista	Autoestima de los hijos como valor supremo de la crianza, crianza positiva de reducir los "no" o formación de valores morales
Enfoque redentor	Conducir a los hijos a una relación con Cristo y dirigirlos por el camino de la vida que Dios dispone

Evaluemos nuestra crianza

Todo lo presentado anteriormente resulta útil para que identifiquemos tanto la procedencia del modelo empleado en nuestra crianza como el enfoque que utilizamos. Tengamos en cuenta que, como ya dijimos, nadie usa de manera absoluta un modelo o un enfoque, sino que el proceder de los padres al criar a sus hijos incluye una combinación de lo enseñado. La idea de todo lo expuesto es que los padres disciernan los énfasis que gobiernan su crianza, se percaten qué tan distantes están del patrón bíblico, y procedan a acercarse al mismo.

En este sentido, entiendo que dos preguntas que pudieran hacernos reflexionar a la luz de lo presentado en este capítulo:

1. ¿Qué modelo dirías que gobierna la crianza de tus hijos, a saber, cultural, heredado, teórico o bíblico?
2. ¿Si pones atención a la interacción cotidiana con tus hijos, lo que haces con ellos, tus respuestas a sus reacciones, los énfasis que pones cuando los corriges o reprendes, la manera en que lo haces, entre otras dinámicas, cuál dirías que es el enfoque dominante en tu crianza?

CAPÍTULO 2

El sello distintivo de la crianza cristiana

Hay un refrán popular que dice: «El que no sabe para dónde va, ya llegó».[1] Es decir, como regla general, la ejecución exitosa de toda labor requiere que esté dirigida y motivada por un propósito claro, y la tarea de la crianza no es la excepción a esta regla. No obstante, ya sea por la influencia de la cultura o de sus casas paternas, muchos padres cristianos están confundidos acerca de cuál debería ser su propósito al criar.

A la pregunta de qué desearían lograr con su crianza, muchos padres respondemos que queremos que nuestros hijos sean felices, exitosos, determinados, responsables, que les vaya «bien» en la vida, que no pasen por lo que nosotros pasamos, o que no sufran, entre otros deseos. Incluso muchos quisiéramos que nuestros hijos lograran todas estas cosas a la vez, pero si somos hijos de Dios, debemos admitir que hay una pregunta más importante a responder, y es: ¿qué quiere Dios para mis hijos?

Es la respuesta a dicha pregunta lo que le daría a nuestra crianza el propósito correcto, y cualquier propósito que no se corresponda con el de Dios en la crianza sería adoptar un

---

1. Derivado posiblemente del pensamiento atribuido al filósofo, político y escritor romano Séneca (0-65 d. C.), quien dijera: «No hay viento favorable para el que no sabe dónde va».

patrón de este mundo al que se supone debemos resistirnos (Romanos 12:2). Sin embargo, primero debemos conocer lo que la Palabra de Dios dice sobre lo que son los hijos. No podemos llegar a una clara compresión del propósito de Dios para la crianza a menos que entendamos cómo Él ve a nuestros hijos y, a partir de ahí, lo que debemos procurar con ellos y las maneras que debemos emplear.

Perspectiva bíblica de los hijos

La Biblia tiene un concepto muy alto de lo que son los hijos. Salmos 127:3 dice: «Un don del Señor son los hijos, y recompensa es el fruto del vientre». La palabra «don» significa «regalo», y un regalo es algo preciado, que se recibe con gozo y gratitud. Esta no es una verdad aislada de este versículo, sino que está presente a lo largo de toda la Biblia. De hecho, dos versos más adelante leemos: «Bienaventurado el hombre que de ellos tiene llena su aljaba» (Salmos 127:5). Es decir, a los ojos de Dios, la persona que tiene hijos debería considerarse dichosa y feliz, puesto que ha recibido algo de valor, una gracia de parte de Dios.

Es obvio que dicha perspectiva debería incidir tanto en la manera en que procedemos y nos relacionamos con nuestros hijos al criarlos como en el propósito que perseguimos en esta sublime labor. Es inconcebible que aquellos padres que ven a sus hijos como regalos de Dios sean descuidados, distantes o ásperos en su trato. Puesto que los hijos son un regalo y una bendición de Dios, la crianza debería estar gobernada por una actitud de aprecio y valoración hacia el regalo recibido, y es de vital importancia que los hijos así lo perciban. Lamentablemente, producto del desdén y la falta de apreciación de sus padres, es frecuente que los hijos se resientan y alberguen inconformidades que luego de traducen en distancia emocional y rebeldía.

Ahora bien, los padres debemos estar advertidos de no confundir el aprecio y la valoración debidos a los hijos con una actitud de indulgencia, es decir, con una aceptación cómplice de sus acciones o actitudes pecaminosas. Producto de esta confusión, muchos padres no corrigen ni disciplinan a sus hijos como corresponde, ya que piensan que hacerlo implicaría rechazarlos. Esto entra en contradicción con el principio bíblico que establece: «El que evita la vara odia a su hijo, pero el que lo ama lo disciplina con diligencia» (Proverbios 13:24).

Además, como dones de Dios que ellos son, nuestros hijos deben ser no solo apreciados y valorados, sino conducidos según la dirección que el Dador desea. Los hijos no son nuestra propiedad, sino nuestra responsabilidad, y por tanto daremos cuenta delante de Dios de lo que hagamos con ellos. Es una responsabilidad solemne que Dios haya puesto en nuestras manos a seres creados a Su imagen y semejanza (Génesis 1:26-27).

La Biblia también ve a los hijos como los instrumentos que Dios usa para perpetuar Su verdad en la tierra y traer bendición. Más adelante expandiremos esta idea, pero por lo pronto podemos decir que en múltiples pasajes de la Palabra de Dios (véase Deuteronomio 6:4-9 y Salmos 78) a los padres se les hace responsables de enseñarles a sus hijos, e incluso a los hijos de sus hijos, sobre Dios y Sus obras.

Otro aspecto importante en la perspectiva bíblica sobre los hijos es que, a pesar de no ser propiedad de los padres, están supuestos a ser una fuente de gozo para ellos. Es evidente que los dones de nuestro buen Dios deben producir gozo en el corazón de quienes los reciben. Las Escrituras declaran: «El hijo sabio alegra al padre, pero el hijo necio es tristeza para su madre» (Proverbios 10:1). La misma idea está presente en otros pasajes (véase Proverbios 15:20; 23:24; 29:17), los cuales confirman que los hijos son una fuente de gozo para sus padres, en específico aquellos hijos que se conducen sabiamente en la vida. Esto es así a pesar de que la generación en la que vivimos piense en los hijos como un una carga o un peso para sus padres, pero bíblicamente ellos vienen a traer gozo y alegría.

He sido testigo de esto de varias maneras. Cuando uno de mis hijos disfruta algo, se produce una sensación en mí que me hace disfrutar junto con él. Lo experimento con frecuencia cuando se trata de la comida. Si estoy disfrutando de una comida y se me acerca uno de mis hijos a pedirme un poco, extrañamente, en ese momento siento más gozo al concedérsela en vez de comérmela yo. Y digo extrañamente porque mi egoísmo natural de forma habitual me conduce a retener lo que me gusta. Y si esto es así para algo tan simple como la comida, cuánto más gozo y alegría siento cuando veo a mis hijos vivir sabiamente, siendo obedientes a la Palabra de Dios y mostrando virtudes en su forma de proceder. Bien dice Proverbios 10:1 que el hijo sabio alegra al padre. ¡Ciertamente, ellos son motivo de mucho gozo y alegría!

Sin embargo, a pesar de eso, para muchos tener hijos no es popular hoy en día. De hecho, en muchos países, principalmente desarrollados o de alto ingreso, las poblaciones están envejeciendo porque la gente tiene menos hijos, y cuando los tiene, lo hace más tarde en la vida. Las razones para esto son múltiples, pero una de las más importantes es que los adultos jóvenes consideran que los hijos son una carga o un obstáculo para el logro de sus metas personales. Tener hijos es costoso desde el punto de vista profesional, económico y emocional, de modo que muchos no están dispuestos a incurrir en tal sacrificio. Esto es una muestra más de cómo la manera de pensar del mundo se contradice con la Palabra de Dios. Lo que para

Dios es un regalo y debería ser motivo de gozo, el mundo lo ve como una carga.

El sello distintivo de la crianza cristiana

Aunque el enfoque y el método de crianza pueden diferir entre las familias, la gran mayoría de los padres tienen buenas intenciones para sus hijos y tratan de formarlos con ciertos valores que consideran importantes. Incluso podríamos encontrar familias que, no siendo cristianas, instruyen a sus hijos para que muestren valores morales que coinciden con la Palabra de Dios y los tratan de una manera sensible y amorosa. ¿Se podría considerar esta crianza como cristiana? Algunos entienden que sí, porque suponen que la crianza cristiana se trata de enseñar valores de manera sensible, pero lo cierto es que para ser considerada cristiana la crianza debe ir más allá. Entonces, ¿qué es lo que «cristianiza» la crianza? ¿Cuál es el sello distintivo de la crianza cristiana? ¿Qué la hace única? Para responder a estas preguntas, veamos nuevamente el versículo que en este libro hemos considerado el más completo con respecto a la crianza.

«Y ustedes, padres, no provoquen a ira a sus hijos, sino críenlos en la disciplina e instrucción del Señor» (Efesios 6:4).

Los padres reciben un doble mandato de parte del apóstol Pablo, por un lado, deben evitar la ira en sus hijos, es decir, lo que los indisponga y resienta. Por otro lado, los padres deben criar a sus hijos, es decir, proveer todo lo necesario para que ellos se desarrollen, y el instrumento a usar para eso es «la disciplina e instrucción del Señor».

Yo diría que la mayoría de los padres entienden la crianza como un proceso formativo que incluye «disciplina e instrucción». No obstante, lo que «cristianiza» este proceso es que debe ser «del Señor». Esta breve pero significativa frase al final de este versículo es el sello distintivo de la crianza cristiana, pues ella califica como «del Señor» todo lo que deben hacer los padres cristianos. Dicho sea de paso, la palabra «Señor» en el original es *kyrios*, un término que Pablo usualmente emplea para referirse a Cristo.[2]

La Nueva Traducción Viviente, una versión de la Biblia que se destaca por la manera sencilla de su lenguaje, traduce la frase «del Señor» como «que proviene del Señor». Es decir, nuestros hijos nos han sido entregados para que los formemos, no según nuestros criterios personales ni lo que la cultura nos dicte, sino según lo prescrito por nuestro Señor Jesús, llevándolo a cabo de una manera que le complazca a Él. Dicho en otras palabras, los padres debemos recibir de nuestro Maestro, a través de Su Palabra y nuestra comunión personal con Él, aquello que le pasaremos a nuestros hijos, y de esta manera nuestra crianza será «del Señor».

La primera y más evidente implicación de que la crianza es «del Señor» consiste en que ella debe tener como su máxima ambición conducir a nuestros hijos a una relación personal con Cristo. Aunque la dirección moral y el buen comportamiento son importantes en la crianza, la redención del alma de nuestros hijos es de un valor incalculable. Estoy convencido de que esa sería la prioridad de nuestro Señor si Él estuviese criando personalmente a nuestros hijos, y de cierta manera lo está haciendo a través de nosotros. Si bien la crianza debe incluir la instrucción moral y el buen comportamiento, estos no deberían ser nuestra prioridad.

2. Larry W. Hurtado, «Señor», *Dictionary of Paul and His Letters,* ed. Gerald F. Hawthorne, Ralph P. Martin y Daniel G. Reid (Downers Grove, IL: InterVarsity Press, 1993).

El interés de Dios en que la crianza sea conducida de tal manera que los hijos lleguen a tener una relación personal con Él lo podemos ver en un conocido pasaje en el Antiguo Testamento, el cual forma parte de un discurso de Moisés al pueblo judío justo antes de entrar a la tierra prometida. En dicho discurso Dios les recuerda lo que deben considerar al entrar a la tierra prometida y lograr su permanencia y estabilidad como pueblo.

> Estos, pues, son los mandamientos, los estatutos y los decretos que el SEÑOR su Dios me ha mandado que les enseñe, para que los cumplan en la tierra que van a poseer, para que temas al Señor tu Dios, guardando todos Sus estatutos y Sus mandamientos que yo te ordeno, tú y tus hijos y tus nietos, todos los días de tu vida, para que tus días sean prolongados (Deuteronomio 6:1-3).

Aquí, Dios da la Ley para que sea cumplida por los padres, lo que implicaba temer a Dios y obedecerle, pero no solo ellos, sino también sus hijos y nietos. En este sentido, los padres estaban llamados a trasmitirles a sus hijos la Ley de tal manera que quisieran obedecerla, lo cual supone una relación personal con Dios, pues de lo contrario la obediencia sería hipocresía.

Si nos fijamos bien, este mandato de que los padres debían pasar a sus hijos los mandamientos, estatutos y decretos del Señor su Dios es equivalente al de criar a los hijos «en la disciplina e instrucción del Señor» (Efesios 6:4). Ambos pasajes implican que los padres están representando a Dios en su labor de crianza y, por lo tanto, su propósito principal debería ser conducir a sus hijos a una relación personal con el Señor. La misma idea la encontramos en el libro de Salmos cuando se nos dice:

No *lo* ocultaremos a sus hijos, sino que contaremos a la
generación venidera las alabanzas del Señor, su poder y
las maravillas que hizo. Porque Él estableció un testimonio en Jacob, y puso una ley en Israel, la cual ordenó a
nuestros padres que enseñaran a sus hijos, para que la
generación venidera *lo* supiera, *aun* los hijos que habían
de nacer, *y* estos se levantaran y lo contaran a sus hijos,
para que ellos pusieran su confianza en Dios, y no se
olvidaran de las obras de Dios, sino que guardaran sus
mandamientos (Salmos 78:4-7).

Con el propósito de que la generación venidera pusiera su
confianza en Dios, Él les ordenó a los padres que les enseñaran
Su Ley y les contaran sobre Sus obras. Y es que este debería ser
el objetivo primario de la crianza si ha de ser «del Señor», que
los hijos lleguen a conocer personalmente a Dios y pongan su
confianza en Él. Vemos la misma idea en el que considero el
pasaje central de todo el libro de Proverbios.

Confía en el Señor con todo tu corazón, y no te apoyes en
tu propio entendimiento. Reconócelo en todos tus caminos, y Él enderezará tus sendas (Proverbios 3:5-6).

Sabemos que el libro de Proverbios se escribió para la instrucción de los jóvenes, ofreciendo principios para vivir una
vida sabia que agrade a Dios y recibir Su bendición. Al mismo
tiempo, el libro advierte que de no seguir sus recomendaciones
se debería esperar la ruina y el lamento. Ahora bien, hay una
condición para que el joven haga caso a todo lo aconsejado en
el libro, y es que confíe en el Señor de todo corazón.

Resulta evidente que dicha confianza solo puede estar presente en un corazón que tenga una relación personal con el

Señor. Así que podría decir que Proverbios 3:5 es, al mismo tiempo, parte de la intención del libro y un llamado al joven a caminar con el Señor de manera personal. Para Salomón, tener sabiduría para vivir resultaba importante, pero su propósito era llevar al corazón del joven a confiar en Dios, lo cual también debería ser nuestro propósito para que nuestra crianza sea «del Señor». El pastor John MacArthur, al referirse al llamado de los padres a conducir a sus hijos a conocer al Señor, dice lo siguiente:

> Tu mayor prioridad como padre, entonces, es ser un evangelista en tu propio hogar. Debes enseñar a tu hijo la ley de Dios; enseñarle el evangelio de la gracia divina; mostrarle la necesidad que tiene de un Salvador, y señalarle a Jesucristo como el único que puede salvarlo. Si crece sin una aguda conciencia de su necesidad de salvación, tú, como padre, habrás fracasado en tu tarea primordial como su guía espiritual.[3]

Ciertamente somos evangelistas de nuestros hijos, pero cuidado con querer obligarlos de alguna manera a que acepten nuestra fe. Eso es algo que tiene que ser producto de su decisión, así que querer imponer nuestra fe podría producir más mal que bien.

En mi caso, tuve el privilegio de que mi madre conociera el evangelio cuando yo tenía unos cuatro años. Por medio de la influencia de su testimonio, algunos años después mi padre también le entregó su vida a Cristo, de modo que por la gracia de Dios crecí con unos padres que amaban a Cristo. Con frecuencia, nuestra madre nos decía a mí y a mis hermanos: «Prefiero

---

3. John MacArthur, *Cómo ser padres cristianos exitosos* (Grand Rapids: Editorial Portavoz, 2016), p. 47.

mil veces que sean vendedores ambulantes de plátanos, pero con Jesucristo, a que sean altos ejecutivos en un banco sin el Señor». Nunca me sentí presionado por ellos para que creyera en el evangelio, pero sus amonestaciones y oraciones estaban dirigidas a que yo entendiera mi condición de pecado y acudiera a Cristo en arrepentimiento y fe. Por la gracia de Dios y para gozo de mis padres, así lo hice en mis primeros años como adolescente. Dicho sea de paso, vender plátanos es una labor tan digna delante de Dios como ser un alto ejecutivo bancario, solo que la expresión de mi madre era su forma de decirnos lo mismo que dijo Jesús.

> Pues ¿qué provecho obtendrá un hombre si gana el mundo entero, pero pierde su alma? O ¿qué dará un hombre a cambio de su alma? (Mateo 16:26).

La segunda implicación de que la crianza es «del Señor» consiste en que debe ser llevada a cabo por los padres y con los contenidos prescritos por Dios. Aunque parezca obvio, Dios ha dispuesto que sean los padres los que críen a sus hijos, pero por múltiples razones, y hay que decirlo, muchos padres le han delegado la formación espiritual y moral de los hijos a la iglesia, la escuela o especialistas de la conducta. Y esta delegación, aunque sea bien intencionada, no funciona, porque no se corresponde con el diseño de Dios para criar a los hijos. Con respecto a los contenidos de la crianza, la Palabra de Dios se emplea de manera escasa. Resulta inquietante ver que la crianza de muchos padres cristianos hace más uso de los principios del mundo que de la revelación de Dios. Sin embargo, afirmamos que una crianza «del Señor» debe contar con padres profundamente involucrados, así como proveer los contenidos dispuestos por el Señor para la formación de los hijos. Veamos un texto iluminador en este sentido.

Estas palabras que yo te mando hoy, estarán sobre tu corazón. Las enseñarás diligentemente a tus hijos, y hablarás de ellas cuando te sientes en tu casa y cuando andes por el camino, cuando te acuestes y cuando te levantes (Deuteronomio 6:6-7).

El contexto de este pasaje es la ocasión en que Moisés instruye al pueblo de parte de Dios justo antes de entrar a la tierra prometida. Si el pueblo obedecía, los resultados serían su permanencia y prosperidad en la tierra. Todo dependía de la fidelidad de los padres al Señor y de que les trasmitieran con diligencia la Ley de Dios a sus hijos. En otras palabras, según vaya la crianza de los hijos, así irá la nación. Bíblicamente, la crianza de los hijos tiene mucho más trascendencia e importancia de lo que la mayoría de la gente supone.

Notemos primero que la responsabilidad de la instrucción de los hijos no les correspondía ni a las nodrizas[4] de Israel ni a los levitas,[5] sino a los padres. Más aún, la instrucción implica una presencia constante de nuestra parte en la vida de nuestros hijos. De no ser así, ¿de qué manera podríamos instruir en todo lugar (cuando te sientes y andes) y en todo momento (cuando te acuestes y te levantes) según se nos ordena? La abundancia de tiempo con nuestros hijos es una de las condiciones para poder ser una influencia importante en sus vidas.

Hoy en día muchos alegan que la calidad de tiempo es más importante que la cantidad. Y eso es verdad hasta cierto punto. Sin embargo, la fórmula bíblica ideal es pasar *mucho tiempo de calidad* con nuestros hijos. La crianza es una labor

---

4. Una nodriza era la persona que se encargaba de cuidar a un niño que no fuera de ella.
5. Los levitas eran la tribu sacerdotal de Israel. Ellos eran los líderes espirituales del pueblo y se encargaban de cuidar el tabernáculo y posteriormente el templo, así como de ministrar durante los servicios religiosos en estos lugares.

que aprovecha cada oportunidad que ofrece la vida para instruir, corregir y estimular. Y la mayoría de esas oportunidades se presentan de manera espontánea, así que aprovecharlas requerirá que estemos ahí. ¿Cómo corregimos una mala actitud de nuestros hijos cinco horas después de ocurrida? Lo podríamos hacer, pero no de una manera tan eficaz como si lo hubiéramos hecho en el momento. ¿Cómo ofrecemos unas palabras de estímulo ante una buena reacción siete horas después? Lo podemos hacer, pero no tendría el mismo efecto. Ciertamente, la sociedad moderna tiene complejidades que llevan a muchos padres a disponer de relativamente poco tiempo para sus hijos. A pesar de esto, no podemos ignorar la verdad de que nuestros hijos necesitan que estemos mucho más presentes de lo que algunos padres están dispuestos a aceptar.

Aunque no todos los padres podrán disponer de la misma cantidad de tiempo para dedicárselo a sus hijos, todos deberíamos hacer nuestro mejor esfuerzo y sacrificio con el fin de disponer de tanto tiempo para ellos como nuestra realidad particular nos lo permita. Con esto, le mandamos un claro mensaje a nuestros hijos de que nos importan, lo cual es indispensable, repito, indispensable, para que nuestros hijos se muestren receptivos hacia lo que tenemos que inculcarles.

No obstante, resulta importante señalar que esa presencia significativa de los padres requiere que sean ejemplares en cuanto a lo que se instruye. Fijémonos en lo que dice la orden de Moisés: «Estas palabras que yo te mando hoy, estarán sobre tu corazón» (Deuteronomio 6:6). Si la crianza ha de ser «del Señor», es decir, distintivamente cristiana, los padres deben vivir lo que enseñan. Es muy difícil, si no imposible, trasmitirles a nuestros hijos aquello que no es una realidad en nuestras vidas, y es poco probable que ellos aprendan lo que no les es modelado primero. La enseñanza, sin un ejemplo de vida, resulta inefectiva. La instrucción y la disciplina son importantes, pero el ejemplo es lo que le confiere peso y credibilidad a lo que se ha instruido. Es una realidad que las inconsistencias entre lo que decimos y lo que hacemos nos desautorizan frente a nuestros hijos, haciendo que todo lo que hablamos pierda valor. Por dichas inconsistencias muchos hijos han pensado de sus padres lo que dijera en una ocasión Ralph Waldo Emerson: «Tus actos hablan tan alto que no puedo escuchar lo que dices».[6]

La realidad es que la crianza cristiana requiere de la urgente santificación de los padres, y hay al menos tres razones para ello. En primer lugar, nuestros hijos copian nuestros valores y hábitos pecaminosos. Ellos asimilan más de nosotros de lo que nos imaginamos. En segundo lugar, como ya dijimos, nuestra falta de santificación reduce el peso y la credibilidad de nuestra instrucción. Y en tercer lugar, los hijos sufren los pecados que no vencemos, porque con frecuencia pecamos contra ellos. Si bien la crianza está destinada a formar a los hijos, esta no prospera a menos que los padres sean transformados primero por la Palabra de Dios.

Por último, queremos referirnos a los contenidos que hacen única a la crianza cristiana, que conducen a que nuestra labor de padres sea considerada como «del Señor». Lo primero que se debe decir en este sentido es que ni las experiencias vividas en el hogar paterno, ni la cultura, ni las opiniones expertas deben determinar lo que los padres hacen con sus hijos, sino que la Palabra de Dios debe ser el fundamento.

Una vez más, Deuteronomio 6:6 nos indica que lo que debemos enseñarles a nuestros hijos es «estas palabras que yo te mando hoy». Dicho de otro modo, es el «currículo de

---

6. Waldo Emerson (1803-1882) fue un escritor, filósofo y poeta estadounidense. Líder del movimiento del trascendentalismo a principios del siglo XIX.

Dios» el que debe ser transmitido, pero notemos la dinámica en que esto se produce cuando se nos ordena a los padres enseñarles a nuestros hijos «diligentemente», en todo lugar y en todo momento. Otra forma de expresar esto sería diciendo que los padres deben estar preparados para «rociar» con la verdad bíblica todas las experiencias y ocasiones que se les presenten en la interacción con sus hijos. Esto es lo que llamo *instrucción existencial*, es instruir en la medida en que se vive. Esa es la dinámica que debería dominar nuestra instrucción.

Muchos padres cristianos tienen la idea de que la mayor parte de la instrucción a los hijos debe producirse en el contexto formal de un devocional familiar o en lo que se conoce como el altar familiar. Si bien esa práctica es buena y necesaria, el formato de instrucción prescrito en Deuteronomio 6 propone aprovechar cada oportunidad que nos ofrecen los sucesos cotidianos de la vida para ofrecer una perspectiva bíblica y, dicho sea de paso, verdadera de todo lo que acontece y experimentamos.

En una ocasión jugábamos como familia un juego de mesa llamado parchís. Este consta de un tablero con cuatro esquinas en donde cuatro jugadores colocan cuatro fichas cada uno. La idea es que se lancen los dados y cuando salga el número cinco, el jugador puede sacar una ficha de su esquina y comenzar a darle la vuelta al tablero hasta llegar al centro. Ese día en cuestión, uno de mis hijos, aunque había lanzado los dados en múltiples ocasiones, no conseguía el número cinco y no podía salir de su esquina. En medio de su frustración, exclamó en voz alta: «¡Qué mala suerte tengo!». Ante su expresión, le dije: «Hijo, la suerte no existe, sino la voluntad de Dios. Por alguna razón Dios no ha querido que salgas de ahí». Y entonces hablamos brevemente del tema. Un juego sencillo e infantil me permitió ilustrar la soberanía de Dios en nuestras vidas. De eso se trata la instrucción existencial. Dicho sea de paso, ¡poco después mi hijo pudo sacar sus fichas!

Quiera el Señor hacernos crecer como padres, de tal forma que nuestra crianza pueda contar con Su sello de aprobación y que, al ver a nuestros hijos, se pueda decir lo mismo que se dijo de Jesús: «Y Jesús crecía en sabiduría, en estatura y en gracia para con Dios y los hombres» (Lucas 2:52).

Evaluemos nuestra crianza

1. ¿Si Dios te diera Su opinión sobre lo que estás haciendo como padre/madre, qué calificación del 1 al 10 crees que te daría?
2. Siendo honesto contigo mismo, ¿qué tan importante es para ti que tus hijos lleguen a tener una relación personal con Cristo?
3. Si respondiste a la pregunta anterior con un «muy importante», ¿de qué maneras prácticas y en qué momentos se pone de manifiesto el Evangelio de Cristo en tus interacciones con tus hijos?
4. ¿Modelas lo que les enseñas o exiges a tus hijos? ¿Entiendes que eres un ejemplo moral para ellos en todos los sentidos? En tu manera de hablar, de resolver los conflictos, de reconocer tus faltas y cumplir con tus compromisos, al practicar tus disciplinas espirituales, cuando demuestras autocontrol ante todo aquello que nos tiende a dominar, al ser discreto y no chismear, en tu manejo financiero, en tu servicio desinteresado a los demás y en todos los otros aspectos de la vida. Evalúate.

5. ¿Qué tanto de la Palabra se evidencia en tu crianza? ¿Están tus hijos aprendiendo a entender el mundo según la Palabra de Dios?

6. En resumen, al ver tu crianza, ¿crees que Dios le pondría el sello «Crianza del Señor»?

CAPÍTULO 3

Los desafíos que supone la crianza cristiana

Desde hace años juego al tenis. Este es el deporte que me ha permitido conjugar de manera casi perfecta el ejercicio físico, la relajación mental que necesito y a la vez el uso de mis grandes destrezas deportivas, aunque muchos lo pongan en duda. Por este motivo, hace unos años introduje a mis hijos en el juego y para mi satisfacción ambos lo hacen muy bien, de hecho, casi mejor que yo, según dicen algunos. Al ver la destreza con la que mis hijos juegan, algunos amigos me preguntan si consideraría una carrera deportiva para ellos, pero mi respuesta siempre ha sido que no, porque esa decisión impone ciertos desafíos para la familia, tanto económicos como de tiempo, que no estamos en condiciones ni tenemos intenciones de enfrentar.

De la misma manera, la crianza cristiana les impone a los padres una serie de desafíos si es que ellos quieren que su labor sea la establecida por el Señor. Llevar a cabo esta importante labor demandará de los padres ciertas condiciones para que se realice como corresponde. Estos desafíos no los determinan los padres, sino que, queramos o no, son propios de la alta responsabilidad que es criar a los hijos.

Desafío del conocimiento

Es obvio que no podemos enseñar o trasmitir lo que no conocemos. Un componente importante de la crianza cristiana es enseñarles ciertos contenidos a nuestros hijos. Según Pablo, dicha enseñanza debe ser «del Señor» (Efesios 6:4). Según Moisés, los padres deben traspasarles a sus hijos la Ley de Dios y se les ordena enseñar «estas palabras que yo te mando hoy» (Deuteronomio 6:6). Según el salmista Asaf, los padres deben contarle «a la generación venidera las alabanzas del Señor, Su poder y las maravillas que hizo» (Salmos 78:4). La Palabra es clara en cuanto a que lo que debemos trasmitirles a nuestros hijos no es nuestra perspectiva de la vida, sino la de Dios; es Su programa el que debe ser impartido y no el nuestro.

Más aún, no se trata simplemente de leer la Biblia con ellos, sino de poder mostrarles, verbalmente y en nuestra vida, las implicaciones de lo que leen. De poco sirve que les hagamos conocer las Escrituras, aunque eso es de vital importancia, si no meditamos con ellos en la manera en que lo aprendido se aplica a las situaciones particulares de su vida. El salmista dice que bienaventurado es aquel cuyo deleite y meditación es la Palabra de Dios (Salmos 1:2). Sin embargo, lamentablemente, muchos padres carecen del conocimiento requerido para ser guías espirituales de sus hijos y su crianza se basa en sus criterios personales de moralidad y conveniencia, más que en el programa de Dios que encontramos en Su revelación. Aunque sea bien intencionada, esta crianza no podría ser considerada «del Señor».

Las razones para esta lamentable realidad pueden ser varias. Algunos padres alegan que no tienen tiempo, y ciertamente la vida moderna es compleja y demandante, pero si somos honestos, siempre hacemos tiempo para lo que consideramos importante. Los mismos que alegamos que no tenemos tiempo para estudiar la Palabra de Dios dedicamos múltiples horas a la semana al ejercicio físico o a nuestros pasatiempos, sin mencionar el tiempo que perdemos en las redes sociales. Hay otros padres que se sienten intimidados por la Biblia y piensan que se requiere de alguna condición especial para su compresión. Sencillamente, no es así, pues la misma Palabra dice de sí misma «que hace sabio al sencillo» (Salmos 19:7b). Estos padres se sorprenderían de lo mucho que pudieran extraer del texto bíblico si lo leen con detenimiento y al leerlo le van haciendo ciertas preguntas básicas.[1] En adición, una de las bendiciones que tenemos al vivir en esta generación es la cantidad de recursos de los que disponemos para profundizar en nuestro estudio bíblico, tales como traducciones bíblicas diversas, comentarios, libros sobre temas de la vida cristiana, entre otros. No obstante, se requiere cierta diligencia y disciplina de nuestra parte. La Palabra de Dios es el instrumento por excelencia para nuestra transformación a la imagen de Cristo (Juan 17:17) y es la lámpara que necesitamos nosotros y nuestros hijos para caminar en este mundo de tinieblas (Salmos 119:105).

Cuando los padres no asumimos con diligencia y esmero el desafío del conocimiento, afectamos a nuestros hijos de dos maneras distintas. Por un lado, ante las situaciones que se les presenten en la vida y las preguntas que puedan tener, los dejamos a expensas de sus propios criterios pecaminosos y los del mundo, que son cada vez más perversos y torcidos. Por otro lado, les estamos diciendo, de manera indirecta y sin intención, que la Palabra de Dios no es tan sabia, ni tan valiosa, ni tan preciada como debería serlo para un hijo de Dios. Arrepintámonos de nuestra apatía hacia la verdad de Dios y pidámosle al Señor

---

1. Exhorto a los padres a explorar el método inductivo de la Biblia para que puedan crecer en el conocimiento de la revelación de Dios.

que nos dé hambre por Su Palabra y que abra nuestros ojos a las maravillas de Su ley (Salmos 119:18).

Desafío de la coherencia

La hipocresía es el fingimiento de cualidades o sentimientos contrarios a los que verdaderamente se tienen o experimentan.[2] Hay hijos que consideran a sus padres unos hipócritas, porque según ellos los padres enseñan o demandan cosas que no viven. Y cuando somos unos hipócritas para nuestros hijos, dejamos de ser su modelo a seguir y no representamos una autoridad para ellos. Resulta paradójico que la hipocresía o la incoherencia en los padres tiente a los hijos a ser hipócritas también, porque ahora obedecen, pero fingidamente, no de corazón.

Algo claro en la Palabra de Dios es que el liderazgo espiritual requiere de la coherencia en la vida de los líderes, es decir, lo que se enseña debe corresponderse con lo que se vive. Cuando los primeros diáconos son escogidos, la Biblia nos dice que uno de los requisitos era que fueran hombres de «buena reputación» (Hechos 6:3). Asimismo, Pedro escribe en un momento dado que los pastores no debían dirigir como si tuvieran «señorío sobre los que les han sido confiados, sino demostrando ser ejemplos del rebaño» (1 Pedro 5:3). También Pablo habla de que un líder de la iglesia debía ser «irreprochable» (1 Timoteo 3:2) y «gozar también de una buena reputación entre los de afuera de la iglesia» (1 Timoteo 3:7). Y eso debe ser así en el hogar también. De ahí que Moisés instruyera a los israelitas que al enseñarles a sus hijos la Palabra de Dios, todas esas cosas debían estar primero en su corazón (Deuteronomio 6:6).

---

2. *Diccionario de la lengua española* (Real Academia Española).

Con frecuencia queremos que nuestros hijos hablen con una ternura y cortesía que nosotros no les hemos modelado. En la resolución de un conflicto, podría darse el caso de que les ordenemos a nuestros hijos pedir perdón mucho más rápido de lo que nosotros lo hacemos cuando fallamos. En ocasiones, les exigimos disciplinas espirituales que nosotros no tenemos, o demandamos que cumplan con sus deberes mientras nosotros incumplimos de manera impune lo que les prometemos. Queremos que aprendan a amar, pero no les dedicamos tiempo intencional. Les pedimos que sean considerados con los demás, pero no les explicamos en detalle las razones por las que disponemos algo en la casa. Les exigimos que sean colaboradores, pero no nos ven servir en las tareas pequeñas del hogar y, cuando lo hacemos, no nos ven gozosos. Nuestras incoherencias son más frecuentes de lo que nos percatamos. Quiera Dios abrir nuestros corazones para que procedamos a arrepentirnos y a pedir perdón a Dios primero y luego a nuestros hijos.

Lo inquietante de la incoherencia e hipocresía de los padres es que incita a los hijos a mostrar insubordinación e irrespeto hacia ellos. Los hijos sienten que sus padres no son dignos de su sometimiento, de modo que cuando lo hacen es por conveniencia. No obstante, lo más preocupante de la incoherencia paterna es que pudiéramos provocar que nuestros hijos se rebelen, no solo contra nosotros, sino contra Dios mismo. Es una triste realidad que cuando los hijos de Dios proceden de una manera que no representa bien al Señor, aquellos que los observan llegan a blasfemar Su nombre (Isaías 52:5; Romanos 2:24). Tristemente, he sido testigo de hijos que se confiesan ateos como consecuencia del testimonio hipócrita de padres cristianos. Quiero aclarar que con esto no estoy diciendo que cualquier incoherencia en nuestra vida podría producir un estado espiritualmente letal en nuestros hijos. Pensar así nos llenaría de temor y desesperación. Lo que estoy señalando es que debemos atender prontamente aquellas áreas de nuestra vida que pudieran ser consideradas incoherentes, de tal manera que más que una piedra de tropiezo seamos un «pie de amigo» para la fe de nuestros amados hijos. Por el beneficio de nuestros hijos y la gloria de nuestro Dios, debemos enfrentar con determinación el desafío de la coherencia.

El desafío de la humildad

Producto del corazón pecaminoso del ser humano, como regla general los que están en posición de autoridad tienden a abusar de ella. Y eso pasa incluso en las familias. Esa es la razón por la que Pablo les ordena a los padres no provocar a ira a sus hijos (Efesios 6:4) o no exasperarlos (Colosenses 3:21). Incluso, al ver el tiempo verbal en el que ambos versículos están redactados en su idioma original, lo que realmente expresan es que «dejen de irritar y exasperar a sus hijos», es decir, se trata de algo que Pablo reprende porque ya estaba ocurriendo y era lo usual en esa cultura grecorromana, en la cual los padres se conducían con sus hijos de una manera autoritaria, desconsiderada, abusiva.

La implicación más directa de la orden de Pablo a los padres de no provocar a ira o no exasperar a sus hijos es que ellos deben tomar en consideración el sentir de sus hijos con relación a la manera en que están siendo criados. Los padres orgullosos que proceden abusivamente con sus hijos son indiferentes al modo en que sus hijos se sienten, llegando incluso a pensar que es una debilidad paterna poner atención a dichas «sensibilidades». Sin embargo, la crianza cristiana o «del Señor» demanda de los padres una actitud humilde hacia sus hijos, tenerlos en cuenta, ser sensibles a ellos, tratar de comprenderlos y querer servirlos. Poniendo a nuestro Señor Jesús como ejemplo de humillación y servicio Pablo nos dice:

> No hagan nada por egoísmo o por vanagloria, sino que con actitud humilde cada uno de ustedes considere al otro como más importante que a sí mismo, no buscando cada uno sus propios intereses, sino más bien los intereses de los demás (Filipenses 2:3-4).

No obstante, en su orgullo, muchos padres tratan a sus hijos como si existieran para su servicio. Para estos padres, los hijos son sus deudores, ya que les han dado la vida y el sustento. Conozco hijos que se han resentido porque son tratados por sus padres más como empleados o sirvientes que como hijos, lo cual no quiere decir que ellos no estén llamados a servir y colaborar en la casa en tantas tareas como sea posible, pero el sentir que debe predominar es que son hijos para ser amados más que para ser usados. De hecho, muchos padres hacen sentir a sus hijos culpables de no responder a sus demandas. En general, el hijo que es humildemente servido por sus padres se verá inclinado a devolver el favor. Resulta glorioso cuando los vemos servir, no porque se lo pidamos, sino porque surge de ellos motivados por su amor hacia nosotros.

La humildad también será necesaria en los padres para evitar la tentación de exigir y demandar el respeto independientemente del ejemplo que estemos dando. Tal y como vimos en el desafío de la coherencia, nuestra hipocresía conducirá a que nuestros hijos no nos respeten como su autoridad y, cuando eso ocurra, la forma de «repararlo» no es exigiendo su obediencia y honra porque somos los padres, sino buscando su perdón. El diseño de Dios es que la obediencia de los hijos sea motivada más que impuesta por los padres, y esa motivación no se producirá a menos que haya modelos que inspiren a que los honremos. ¡Aceptemos esa realidad con humildad!

Finalmente, la crianza cristiana demandará humildad de los padres porque ellos deben tener presente en todo momento que son pecadores y lamentablemente pecarán contra sus hijos. En su falta de humildad, algunos padres simplemente no lo admiten cuando pecan contra sus hijos; otros lo admiten, pero tarde; y otros lo admiten a tiempo, pero lo minimizan y hacen sentir al hijo que no fue tan grave lo que hicieron. Cualquiera de estas formas sería un manejo orgulloso del pecado por parte de los padres y es uno de los peores errores que se pueden cometer en la crianza. En primer lugar, este manejo no complace a Dios, quien «se opone a los orgullosos, pero da gracia a los humildes» (Santiago 4:6, NVI). En segundo lugar, este proceder no resuelve el dolor del hijo, quien tenderá a mantener su resentimiento. Y en tercer lugar, se desaprovecha una hermosa oportunidad para exponer el evangelio, pues ¿qué mejor momento para mostrar nuestra necesidad de salvación al igual que la tienen nuestros hijos? Contrario a lo que muchos puedan pensar, admitir de manera inmediata y completa nuestros pecados contra nuestros hijos no solo nos engrandece frente a ellos, sino que nos acerca emocionalmente y nos coloca en una posición para ser bendecidos por la gracia de nuestro Dios.

Recuerdo una ocasión en que mi esposa y yo tuvimos un desacuerdo. Ella estaba en un extremo del teléfono con uno de nuestros hijos y yo en el otro lado de la línea con el otro hijo. Ambos estábamos irritados, sensibles y a la defensiva. Ella me pidió hacer algo, yo me sentí irrespetado y devolví «la moneda», siendo insensible con mi esposa. Lamentablemente, nuestros hijos estaban con nosotros. Cuando nos pudimos ver en persona, conversamos y nos reconciliamos. Al día siguiente, al momento de almorzar, les pedimos perdón a nuestros hijos por el mal ejemplo que les habíamos dado, nos mostramos vulnerables frente a ellos, les enseñamos cómo Dios perdona nuestras faltas y que el perdón mutuo sana. ¡La humildad es liberadora!

Desafío del discernimiento del corazón

El problema de nuestros hijos no son sus malos comportamientos ni sus modales, sino sus inclinaciones internas hacia el pecado. El ser humano no es malo porque hace cosas malas, sino hace cosas malas porque es malo en su interior. Sería una torpeza de nuestra parte insistir en que nuestros hijos dejen de hacer algo reprensible o comiencen a hacer algo virtuoso sin dirigir y pastorear su corazón. Nuestro Señor Jesús habló claramente de que nuestras malas acciones tienen su origen en nuestro corazón perverso, y esto también es cierto para nuestros hijos.

> Lo que sale del hombre, eso es lo que contamina al hombre. Porque de adentro, del corazón de los hombres, salen los malos pensamientos, fornicaciones, robos, homicidios, adulterios, avaricias, maldades, engaños, sensualidad, envidia, calumnia, orgullo e insensatez (Marcos 7:20-23).

Desde el punto de vista bíblico, el ser humano no nace moralmente neutro, sino que nace con inclinaciones que de no ser gobernadas por la verdad de Dios lo conducirán al mal. La labor de los padres entonces va más allá que atender la conducta externa de sus hijos, ellos deben llegar al corazón y dirigirlo hacia Dios. En su clásico libro *Cómo pastorear el corazón de tu hijo*, el pastor Tedd Tripp hace las siguientes afirmaciones:

Las necesidades de tu hijo son más profundas que su conducta desagradable. Recuerda, su comportamiento no surge sin causa. Su conducta, las cosas que dice y hace, reflejan su corazón. Si en verdad lo vas a ayudar, debes estar preocupado por las actitudes del corazón que dominan su conducta. El corazón es el manantial de la vida y, por esta razón, la crianza se ocupa de pastorear el corazón.[3]

Ciertamente, debemos analizar la conducta, pues ella es la manifestación de lo que nos interesa atender, pero la represión o la corrección de la conducta no deberían satisfacer a los padres cristianos. El desafío es, a partir de lo que vimos externamente, discernir aquello que lo motiva para entonces abordarlo. Hasta que no hagamos eso, no estaremos criando de manera cristiana o bíblica. De hecho, no hacerlo así sería superficial, irresponsable y pecaminoso de nuestra parte, dejando a nuestros hijos a expensas de su condición sin guiarlos a lidiar con ella. Cuando hacemos bien nuestra tarea y detectamos cualquier inclinación pecaminosa en el corazón de nuestros hijos, nos corresponde mostrárselas de una manera sensible y no acusatoria, conducirlos a entender su condición caída, su necesidad de salvación, y la buena noticia de que hay perdón en Cristo.

En este punto quisiera hacer una observación que considero importante. Cuando estamos hablando de discernir la actitud del corazón de nuestros hijos que subyace debajo de su conducta, tendemos a pensar que siempre estamos en busca de pecados. Ciertamente, las conductas indeseadas por lo general provienen de algún pecado en el corazón de nuestros hijos. Pero en

3. Tripp, Tedd, *Cómo pastorear el corazón de tu hijo* (Medellín: Poiema Publicaciones, 2016), Edición en Kindle.

ocasiones –y no en pocas– podemos encontrar que algunas de sus conductas provienen de corazones heridos o desanimados. Cuando discernimos eso, ¡qué gozo produce en nosotros poder infundir en ellos aliento y ánimo y verlos florecer!

Recuerdo en una ocasión el caso de un jovencito que tenía a sus padres preocupados. Su rendimiento escolar había disminuido y mantenía una actitud de indiferencia e irritación. Ante dicha situación, los padres emprendieron la tarea de reprenderlo por su «incumplimiento». Le prohibieron las salidas y le impidieron ver pantallas por un tiempo, entre otras medidas. La idea era que reaccionara y cumpliera con sus deberes. Las cosas no mejoraron. Los padres estaban desconcertados. Un día, el padre y el hijo entablaron una conversación casual en la que el padre «detectó», para su sorpresa, que este hijo se sentía desplazado por su hermano. Eso lo había resentido y desanimado. El padre lo escuchó y aprovechó para aclararle al hijo que esto era una percepción equivocada. Le afirmó su amor y lo valioso qué él era como hijo. Luego de eso, el hijo «floreció». Por medio de esa conversación, el padre pastoreó el corazón de su hijo. La lección es clara, en muchas ocasiones la crianza no es tan simple como parece, de modo que será necesario orar, conversar con nuestros hijos y pedirles humildemente que nos confíen su sentir, incluso tal vez debamos consultar con otros la situación, todo esto con el propósito de discernir qué es lo que realmente sucede en el corazón de los hijos para proceder como corresponde. Habrá ocasiones en que simplemente tendremos que esperar. ¡Tremendo desafío!

Como se puede ver, este es un proceso que requiere paciencia y autocontrol de parte de los padres. Sin embargo, lo usual es que ante cualquier desatino, mala conducta o pecado de los hijos se detone en los padres una reacción impulsiva de corrección, ante la cual el hijo siente más miedo que otra cosa. Un momento así no se presta a la reflexión ni a la autoevaluación, por lo tanto, el arrepentimiento del hijo no es procurado. En estas condiciones, con la reacción impulsiva de los padres se boicotea su responsabilidad de pastorear el corazón de los hijos y se desaprovecha una valiosa oportunidad de mostrar las buenas nuevas del evangelio, no solo explicando el perdón en Cristo, sino ofreciéndoles en ese mismo instante el perdón a sus hijos por la falta cometida. ¡Glorioso momento!

Enfrentando con éxito los desafíos de la crianza cristiana

Criar no es fácil, debemos reconocerlo, y más aún cuando consideramos la crianza cristiana con sus desafíos particulares. Sin embargo, la dificultad de la crianza no obedece tanto a lo complicados que son los hijos, sino a la pobre condición espiritual de los padres. Pensemos, ¿qué tan complicado le resultaría a Cristo criar? Es fácil deducir que Él sabría qué decir y hacer en todo momento, Sus palabras siempre serían las adecuadas, Sus actitudes pertinentes, sería sensible, justo y coherente, capaz de generar la más leal de las obediencias. Aunque obviamente el pecado en los hijos podría desviarlos, como lo hizo con Adán, sus desvíos no serían atribuibles a una mala crianza. A Jesús le resultará fácil criar, porque de manera natural emanaría de Él todo aquello que edificaría y nutriría, tal como lo necesitan los corazones de los que están bajo su cuidado. En este sentido, mientras más me acerco a la imagen de Jesús, mejor padre soy. La paternidad es un asunto espiritual.

Entiendo que esta es la razón por la que la Biblia tiene relativamente pocos versículos con instrucciones específicas acerca de aquello que los padres deben hacer con sus hijos. En otras palabras, si los padres se someten como individuos al gobierno de la Palabra de Dios en todos los aspectos de sus vidas, no habría que decirles mucho acerca de cómo criar los hijos, pues sería algo que brotaría de ellos de manera natural. Podríamos afirmar que todo lo que hace a un hombre santo, lo hace buen padre.

Y esto lo podemos ver en la Palabra de Dios si nos percatamos del contexto en el que Pablo escribe el pasaje que tiene que ver con las relaciones entre los creyentes en su carta a los Efesios (5:22–6:9). En dicho pasaje bíblico, Pablo regula las relaciones entre esposas y esposos (5:22–5:31), entre hijos y padres (6:1-4), y entre siervos y amos (6:5-9). En todas estas relaciones, cada parte está de alguna manera comprometida o sometida a la otra. A las partes subordinadas les ordena que se sometan como si fuera a Cristo, y a las partes que tienen autoridad les ordena que la ejerzan de una manera sensible y amorosa.

Ahora bien, dichas órdenes no son fáciles de obedecer, sobre todo en la cultura en la que Pablo escribe. Lo común era que la parte en autoridad —tanto los esposos, los padres como los amos— ejercieran dicha autoridad de una manera abusiva y desconsiderada. Es hasta cierto punto normal que el corazón humano pecador tienda a abusar de la autoridad que se le confiere a una persona. Y el resultado de dicho ejercicio de autoridad es que la parte subordinada, al sentirse maltratada, responda con inclinación a la rebelión, ira, amargura e incumplimiento. ¡Sin embargo, en Cristo eso debe cambiar! ¿Pero cómo?

Ciertamente, las órdenes de Pablo no son sencillas de implementar. Se trata de cambiar de manera radical la dinámica de las relaciones humanas más importantes —es decir, entre esposos y entre padres e hijos— así como las relaciones laborales. En el tiempo en que el apóstol escribe, la mayoría de estas relaciones funcionaban sobre la base del abuso y la insubordinación. Podemos estar seguros de que primaba la desconfianza mutua, el resentimiento y la amargura. Humanamente hablando, era difícil que esto cambiara. Pero Pablo no estaba ordenando esto para que fuera obedecido contando con la fuerza de voluntad o la determinación de los involucrados. El desafío de cambiar estas relaciones era demasiado difícil para que fuera llevado a cabo contando con la naturaleza humana. Esa es la razón por la que antes de dar estas instrucciones en cuanto a las dinámicas de todas estas relaciones, Pablo escribe lo siguiente:

> Y no se embriaguen con vino, en lo cual hay disolución, sino sean llenos del Espíritu. Hablen entre ustedes con salmos, himnos y cantos espirituales, cantando y alabando con su corazón al Señor. Den siempre gracias por todo, en el nombre de nuestro Señor Jesucristo, a Dios, el Padre. Sométanse unos a otros en el temor de Cristo (Efesios 5:18-21).

Le pido al lector un poco de paciencia para poder analizar la importancia de este pasaje en cuanto a la crianza. Lo primero que quiero explicar es que la palabra griega que Pablo usa al referirse a ser «llenos del Espíritu» no hace alusión a completar algo que está vacío, sino a «control». Es decir, la expresión significa ser «controlados por el Espíritu». Además, considerando el tiempo verbal de la expresión, se pudiera traducir como «déjense controlar constantemente por el Espíritu».[4] Visto así, ahora entendemos mejor la comparación con la embriaguez con vino, porque así como el vino controla a la persona —de hecho, en ocasiones nos referimos a los embriagados como «estando bajo los efectos del alcohol»—, Pablo quiere que de igual forma los creyentes se dejen

4. A. Skevington Wood, *Ephesians, The Expositor's Bible Commentary: Ephesians through Philemon*, ed. Frank E. Gaebelein, vol. 11. (Grand Rapids, MI: Zondervan Publishing House, 1981).

controlar por el Espíritu. Entonces, de la misma manera en que una persona bajo el control del alcohol hace cosas que no haría en condiciones normales, el cristiano, si se deja controlar por el Espíritu, vivirá de una manera que no es humanamente habitual.

Veamos además que, según el pasaje, una vida controlada por el Espíritu se caracterizaría en primer lugar por el gozo y la alabanza a Dios (v. 19), en segundo lugar, por la gratitud (v. 20), y en tercer lugar, por la sumisión entre unos y otros (v. 21). En otras palabras, la sumisión que emana de una vida controlada por el Espíritu Santo es lo que hace posible la armonía que Pablo demanda en las relaciones en las familias (5:22–6:4) y en el ambiente de trabajo (6:5-9).

En cuanto al tema que nos interesa de la crianza, lo que esto implica es que para que los hijos puedan obedecer a sus padres en los términos que Pablo ordena (6:1-2) deberán dejarse controlar y gobernar por el Espíritu. De la misma forma, para que los padres puedan criar de manera devota y sensible, y puedan conducir a los hijos según la «disciplina e instrucción del Señor», tendrán que dejarse controlar por el Espíritu.

Debido a la condición de pecadores, tanto de los hijos como de los padres, el hogar es potencialmente un campo de batalla. De hecho, en nuestro interior hay una guerra entre el deseo de nuestra carne pecaminosa y el deseo del Espíritu que nos habita (Gálatas 5:17), pero al que no siempre le permitimos que nos controle. Si dejamos que la carne gobierne, sus obras serían reprobables.

Ahora bien, las obras de la carne son evidentes, las cuales son: inmoralidad, impureza, sensualidad, idolatría, hechicería, enemistades, pleitos, celos, enojos, rivalidades, disensiones, herejías, envidias, borracheras, orgías y cosas semejantes, contra las cuales les advierto, como ya se lo he dicho antes, que los que practican tales cosas no heredarán el reino de Dios (Gálatas 5:19-21).

No obstante, si dejamos que el Espíritu nos gobierne, tal y como nos ordena Pablo, los resultados serían muy diferentes.

Pero el fruto del Espíritu es amor, gozo, paz, paciencia, benignidad, bondad, fidelidad, mansedumbre, dominio propio; contra tales cosas no hay ley. Pues los que son de Cristo Jesús han crucificado la carne con sus pasiones y deseos (Gálatas 5:22-24).

En pocas palabras, la «atmósfera» de un hogar y el nivel de armonía entre sus miembros, así como la disposición que cada parte tenga para cumplir con su responsabilidad y rol, dependen básicamente del grado de rendición de cada hijo de Dios al control del Espíritu Santo. Algunos pudieran estar pensando: *Quiero rendirme al control del Espíritu, sin embargo, ¿cómo lo hago?* Es decir, ¿cómo nos dejamos gobernar por el Espíritu en lugar de que la carne nos gobierne? La Palabra de Dios nos responde de manera sencilla a esta pregunta:

Que la palabra de Cristo habite en abundancia en ustedes, con toda sabiduría enseñándose y amonestándose unos a otros con salmos, himnos y canciones espirituales, cantando a Dios con acción de gracias en sus corazones. Y todo lo que hagan, de palabra o de hecho, *háganlo* todo en el nombre del Señor Jesús, dando gracias por medio de Él a Dios el Padre (Colosenses 3:16-17).[5]

---

5. Los versículos de Colosenses 3:18-24 son mandatos de Pablo en relación a la dinámica de la relación entre esposas y esposos, hijos y padres, siervos y amos. Este es un pasaje paralelo al de Efesios 5:22 y versos siguientes.

Lo que debemos notar aquí es que los mismos resultados que produce la llenura del Espíritu y que están descritos en Efesios, tal y como lo presentamos anteriormente, son los que se obtienen cuando la palabra de Cristo habita en abundancia en el hijo de Dios (Colosenses 3:16). De esta manera, la llenura del Espíritu —o lo que es lo mismo, Su control sobre nuestras vidas— significa dejarnos gobernar por la Palabra de Dios en todo nuestro proceder. Una vida obediente a la Palabra es una vida sometida al Espíritu.

Por lo tanto, el poder para criar a mis hijos en el Señor reside en el Espíritu Santo que habita en mí, pero que con frecuencia no gobierna mi proceder, ya sea producto de mi frialdad espiritual, mi poca meditación en la Palabra o mi relación distante con Dios. Y esto es más común de lo que pensamos. Hay padres cristianos que, a la hora de dar un consejo, no saben cuáles principios de la Palabra de Dios usar y basan su opinión más bien en criterios mundanos de conveniencia. Esto también lo vemos a la hora de corregir, pues en medio de su torpeza espiritual y su carnalidad, muchos padres se dejan llevar por la ira en lugar de la sensatez. Y en estas condiciones el hogar se vuelve un ambiente carnal, donde predominan el egoísmo, el orgullo, la rencilla, la venganza, la frustración, la ansiedad, la impaciencia y la ira, así como muchos otros problemas propios del gobierno de la carne más que del Espíritu.

La realidad es que mi crianza no puede elevarse más alto que mi vida espiritual. Si bien la crianza se trata de la formación de los hijos, requiere de padres transformados por Dios para llevarla a cabo, lo cual implica que si quiero cambiar mi labor de criar, debo comenzar por cambiar yo. Los desafíos presentados en este capítulo serán exitosamente enfrentados en la medida en que nos dejemos gobernar para la Palabra de Dios en todos los aspectos de nuestras vidas, de tal manera que nuestro proceder con nuestros hijos deje una estela de fruto espiritual (Gálatas 5:22). ¡Pidámosle a nuestro Señor que así sea!

Evaluemos nuestra crianza

La crianza, tal y como ocurre con toda labor, requiere ciertas condiciones de parte de quien la lleva a cabo para que sea realizada de una manera diestra y efectiva. En este capítulo, hemos presentado cuatro áreas en la que los padres deberían crecer con miras a que su crianza surta el efecto esperado en sus hijos. Dichas áreas las hemos denominado «desafíos» y son el conocimiento, la coherencia, la humildad y el discernimiento de corazón. A la luz de lo expuesto en el capítulo, hazte las siguientes preguntas:

1. De los cuatro desafíos de la crianza mencionados en este capítulo, ¿cuál dirías es el más importante en tu caso? Es decir, ¿cuál entiendes es el que representa un mayor reto para ti?

2. ¿Qué podrías hacer para poder crecer en este aspecto que representa el mayor reto para ti?

3. ¿Qué podrías hacer, no sólo para crecer en el desafío más importante para ti, sino en todos los demás?

4. Si al leer sobre el desafío de la coherencia te sentiste confrontado, al percatarte que podrías ser considerado por tus hijos como un hipócrita, ¿les pedirías perdón? Te exhorto a que lo hagas.

5. Si como dijimos, «mi crianza no puede elevarse más allá de mi vida espiritual», ¿qué entiendes te corresponde hacer para que tu vida espiritual mejore y pueda entonces servir de base para tu crianza?

CAPÍTULO 4

Más allá de la presencia física

En una ocasión, un padre pensaba en el tiempo que pasaba con sus hijos y se dijo: «He visto a mis hijos crecer en pijamas». Con esta frase expresaba la realidad de que su presencia física en la vida de sus hijos se limitaba a las noches, cuando llegaba a su casa luego de sus largas jornadas laborales, y lo que presenciaba era el momento en que solo quedaba dormir como la próxima actividad en el hogar. Esta es una triste realidad que viven muchas familias y particularmente muchos hijos que son quienes más lo sufren.

No hace falta defender la importancia que tiene que los padres pasen tiempo significativo con sus hijos. Es obvio que a menos que los padres no invirtamos una parte importante de nuestro tiempo en la crianza de nuestros hijos, no podremos ser una influencia de peso para ellos.

Los efectos negativos de la ausencia paternal sobre el bienestar de los hijos están ampliamente documentados. Entre múltiples estudios, así lo reporta una investigación llevada a cabo por un equipo multidisciplinario y publicada por el Observatorio Empresa Familiarmente Responsable (EFR) en España.[6] Dicha

6. «Padres ausentes: 4 consecuencias de no dedicar tiempo a los hijos», leer más en: https://www.hacerfamilia.com/familia/padres-ausentes-consecuencias-no-dedicar-tiempo-hijos-20210721103020.html, (c) 2023 Europa Press.

investigación reportó al menos cuatro consecuencias de la escasez de la presencia diaria de los padres en el hogar.

En primer lugar, se observó un deterioro de la salud
física de los hijos, ya que sin sus padres en el hogar tienden a tener menos actividad física, un menor control sobre
su ingesta de comida y sus horas de sueño, y pasan más
tiempo frente a las pantallas. Los efectos físicos observa-
dos fueron sobrepeso, cansancio, falta de concentración y
nerviosismo, entre otros. En segundo lugar, se observaron
efectos negativos sobre el bienestar emocional de los hijos
producto de la ausencia paternal en el hogar. Algunos de
los efectos emocionales reportados fueron inseguridad por
falta de modelos paternos, baja autoestima, dificultad para
manejarse emocionalmente, tristeza, depresión y falta de
motivación, entre otros.

En adición y en tercer lugar, la poca presencia de los padres en el hogar tiende a producir un menor rendimiento
escolar de los hijos. Es obvio que los hijos con menos super-
visión y control de su tiempo por parte de sus padres y que
están lidiando con las dificultades emocionales mencionadas
tendrán un resultado académico deficiente. Por último, una
cuarta consecuencia de la escasa presencia de los padres en
el hogar que reporta la investigación mencionada tiene que
ver con la relación de los hijos con los medios, es decir, con
las pantallas en sentido general. A las conclusiones de dicha
investigación se debe agregar el hecho de que la ausencia
paterna en el hogar expone a los hijos a la confusión moral
y el desvío espiritual.

Por todo lo dicho anteriormente, no es casual que la enseñanza bíblica sobre la crianza incluya el componente de la presencia paterna como uno de sus fundamentos. Notemos lo que
dice el apóstol Pablo refiriéndose a la crianza.

Y ustedes, padres, no provoquen a ira a sus hijos, sino críenlos en la disciplina e instrucción del Señor (Efesios 6:4).

En este pasaje está implícita la necesidad de la presencia paternal en el hogar. No hay forma de criarlos «en la disciplina e instrucción del Señor» a menos que los padres hagan el compromiso de pasar la mayor cantidad de tiempo posible con sus hijos. El siguiente texto es aún más específico en cuanto al tiempo que los padres deben pasar con sus hijos.

Estas palabras que yo te mando hoy, estarán sobre tu corazón. Las enseñarás diligentemente a tus hijos, y hablarás de ellas cuando te sientes en tu casa y cuando andes por el camino, cuando te acuestes y cuando te levantes (Deuteronomio 6:6-7).

Notemos el énfasis en la responsabilidad que tenemos los padres de enseñarles la Palabra de Dios «diligentemente» a nuestros hijos, en todo lugar y en todo tiempo. Este pasaje supone que los padres invertirán un tiempo significativo en sus hijos con el objetivo de criarlos, ya que lo que está en riesgo de no hacerlo así es muy alto: nuestros hijos.

La necesidad de los padres de estar presentes

Convendría responder a una pregunta: ¿qué es lo que hace tan importante la presencia paterna? ¿Habría alguna alternativa que les permita a los padres «perseguir sus sueños» sin tener que enfrentar las penosas consecuencias para la vida de sus hijos de una escasa presencia en el hogar? ¿Qué explica que la Biblia instruya a los padres a estar presentes tanto como sea posible?

Algunos padres entienden que la calidad del tiempo es más importante que la cantidad. Ciertamente, la calidad es importante si con esto quiere decirse que sea un tiempo de conexión emocional, de conversación significativa, de intimar con los hijos al punto de que ellos se sientan guiados, instruidos, amados y en ocasiones reprendidos de la forma adecuada. No obstante, debemos reconocer que usualmente no es posible lograr aquello que hace que el tiempo sea de calidad a menos que invirtamos mucho tiempo con nuestros hijos. En otras palabras, el tiempo de calidad tan anhelado y necesario requiere cantidad. El «buen tiempo» depende del «mucho tiempo». Y hay varias razones para esto.

En primer lugar, la crianza no se trata de un programa de formación que llevo a cabo en el tiempo que tengo disponible, sino que es un proceso que aprovecha cada oportunidad con los hijos que ofrece la vida para hacer lo que es pertinente en el momento. En ocasiones, en el hogar sucede algo que requiere una corrección inmediata de parte de los padres. O quizás el hijo reacciona o actúa de una forma que merece un aplauso paternal. El efecto de la corrección o el aplauso depende de que se esté ahí para responder de manera pertinente. Si los padres no están presentes, se habrán perdido esa oportunidad.

En segundo lugar, la calidad del tiempo requiere cantidad, porque cuando los padres disponen de un tiempo escaso para sus hijos, la crianza tiende a ser desbalanceada. Lo que ocurre es lo siguiente. Imaginemos a unos padres que solo disponen de algo de tiempo para sus hijos al final de cada día. Ellos podrían sentirse inclinados a no corregir a sus hijos para no hacer que los breves momentos que pasan juntos resulten desagradables. Sin embargo, pudiera haber padres que ante la misma situación respondan de modo contrario, es decir, que solo se concentren en corregir, porque no disponen de otro momento para hacerlo. De este modo, tenemos padres que producto de su limitado tiempo dejan fuera la corrección o el estímulo hacia sus hijos, y con ello degradan significativamente su labor de crianza.

Resulta preocupante que en algunas familias la escasez del tiempo dedicado a los hijos produce en los padres un sentimiento de culpa, el cual los empuja a aceptar de sus hijos cosas que no deberían y a conceder estímulos que sus hijos no merecen. Es obvio que esto no producirá buenos resultados. Según el sicólogo valenciano Alberto Soler Sarrió, la expresión «la calidad de tiempo es más importante que la cantidad» es justamente «una especie de anestésico social para no sentirnos culpables».[7]

En tercer lugar, el tiempo significativo invertido en nuestros hijos les comunica algo que resulta invaluable, y es que ellos son importantes para nosotros. Nuevamente, esto significa que calidad implica cantidad. Se ha dicho que amor se deletrea «t-i-e-m-p-o», y hay mucha verdad en ello. Esto es algo que iría cambiando en la medida en que nuestros hijos crecen, pero resulta tremendamente importante en las etapas tempranas de formación. Es una realidad que el sentido de valía personal y aprecio que un hijo recibe en sus primeros años dependerá del tiempo que sus padres inviertan en él. Obviamente, hay otros aspectos que pudieran comunicarle el cariño de sus padres, pero el tiempo es quizás el más importante de todos.

Justamente los lazos afectivos forjados en las etapas tempranas de nuestros hijos son lo que permite la comunicación confiada y transparente durante las etapas posteriores de

7. https://elpais.com/elpais/2017/07/23/mamas_papas/1500786111_197943.html

la adolescencia y la juventud. Y la fortaleza de esos lazos depende en gran medida del tiempo invertido en nuestros hijos.

Son muchos los padres que se sienten desconectados y distantes de sus hijos cuando estos llegan a la adolescencia. Tales padres expresan desconcierto, confusión e irritación al interactuar con sus adolescentes, porque a pesar de que les dieron «todo», sus hijos no muestran interés en relacionarse con ellos y, peor aún, manifiestan rebeldía y descontento. Los padres se preguntan qué pasó. Con frecuencia se lo atribuyen a la desacreditada etapa de la adolescencia, a la actitud de los «jóvenes de ahora», o a una serie de televisión o una mala influencia. Nunca he visto a padres que admitan que quizás la razón de la distancia con su adolescente fue el desdén y el escaso tiempo que invirtieron en sus hijos durante las primeras etapas de la vida. En este sentido, entiendo que procede que muchos padres nos sentemos con nuestros hijos y les pidamos perdón, ya que no estuvimos con ellos el tiempo suficiente como para hacerles saber lo mucho que los amamos.

Presencia paternal que hace la diferencia

Ahora bien, la mera presencia física de los padres, aunque resulta necesaria, no es suficiente. En este sentido, para que la presencia paterna tenga el efecto esperado en la labor de la crianza, es necesario tener en cuenta algunas consideraciones. Pensemos entonces en diversos «tipos» de presencia paternal.

El primer tipo, como resulta obvio, es la presencia física. Se trata de cuando los padres comparten espacios físicos de manera frecuente con sus hijos y tienen un cierto intercambio con ellos, pero este es superficial. Y decimos superficial en el sentido de que la información compartida es en su mayoría externa a la persona. Se hacen y se responden muchas preguntas. ¿Cómo estuvo el colegio? ¿Qué comiste? ¿Con quién estuviste? ¿Qué jugaste? ¿Ganaste? Es necesario conocer estas cosas y hablar de ellas, pero resulta evidente que la interacción con los hijos no debe quedarse en este plano. Lamentablemente, en muchas familias esto es lo único que se comparte, y en algunas otras ni siquiera esto.

Hay un segundo tipo de presencia paterna que es más profunda, pues además de compartir información, incluye un intercambio emocional. En este caso los padres, no solo se interesan en indagar qué le ocurrió a sus hijos, sino cómo se sintieron con lo que le pasó y, aún más, por qué se sintieron así.

En el Evangelio de Mateo leemos con respecto a Jesús lo siguiente: «Y viendo las multitudes, tuvo compasión de ellas, porque estaban angustiadas y abatidas como ovejas que no tienen pastor» (Mateo 9:36). Basándonos en este texto, imaginemos que tenemos un intercambio con nuestro Señor y le preguntamos: «¿Qué hiciste esta mañana Señor?». Él nos respondería: «Estuve algo apesadumbrado pensando en las multitudes que me siguen». Luego inquirimos: «¿Por qué te sentiste así?». Y Él responde: «Sentí compasión, me pesó su estado de orfandad espiritual, son ovejas que no tienen pastor».

Notemos cómo la Palabra de Dios comparte con nosotros el estado emocional de nuestro Señor Jesús. La intención con esto es que conozcamos Su corazón compasivo y cercano. El efecto evidente es que nos sentimos más cerca de Jesús al saber de qué forma experimenta la vida. De la misma manera, la relación con los hijos requiere un intercambio emocional si es que pretende ser cercana. Tanto padres como hijos deberían estar dispuestos a compartir su sentir ante sus distintas experiencias de modo que su relación se estreche.

Es importante mencionar que la apertura emocional ocurrirá si existe un ambiente seguro en el que los miembros de la familia se puedan expresar. Los hogares en los que los padres son más críticos que alentadores, burlones, arbitrarios, reacios a escuchar, muy duros con los errores[8] de sus hijos, o sencillamente muestran más interés en sus trabajos y vidas que en sus descendientes, tenderán a producir un «hermetismo emocional» en el que nadie quiere abrirse.

Por el contrario, los hogares en los que los padres promueven la conversación, comenzando por ellos mismos, estimulan con frecuencia a sus hijos, usan el humor en muchas de sus interacciones, ponen atención cuando sus hijos hablan, corrigen con justicia, aceptan los errores de sus hijos como algo «normal», entre otras virtudes, crearán una atmósfera de conexión emocional que facilitará en gran medida la labor de la crianza.

En mi experiencia, uno de los métodos que he utilizado para procurar esa conexión emocional es encontrar «puntos en común» con mis hijos. Quizás para los niños en sus etapas de desarrollo tempranas los puntos en común podrían ser los juegos infantiles. Sin duda que a los padres no les resultarán atractivos, pero servirán de plataforma para conectarse con los hijos. En mi caso, con chicos adolescentes, los deportes han sido una excelente forma de conectarme con mis hijos. Me he percatado de que los deportes tienen muchos aspectos análogos a la vida, lo que me abre puertas para abordar distintos temas con ellos. Sin duda que la conexión emocional es una

---

8. Un error es algo involuntario, como por ejemplo que derrame una bebida o que en su inmadurez cometa una indiscreción al revelar alguna intimidad familiar.

especie de lubricante en la dinámica de la crianza, facilitándo-la en gran manera.

El tercer tipo de presencia paterna es el moral. En este caso, la presencia de los padres supone que ellos aportan la dirección moral a la vida de sus hijos, tal y como lo dispone la Palabra en uno de los versículos clásicos sobre la crianza: «Instruye al niño en el camino que debe andar, y aun cuando sea viejo no se apar-tará de él» (Proverbios 22:6).

Según este versículo, hay un «camino» en el que deben an-dar nuestros hijos, y los padres somos los que estamos llamados a mostrárselos. La dirección moral tiene que ver con indicar lo que está bien o mal, dicho en palabras bíblicas, enseñar lo que es pecaminoso o no.

La dirección moral en ocasiones es *preventiva*, advirtiendo aquello que pudiera comprometer la moral de nuestros hijos incluso antes de que ocurra. Un ejemplo de esto se presenta en todo lo relacionado con los contenidos a los que nuestros hijos están expuestos en las pantallas, ya sea la televisión, el cine o los aparatos móviles. Los padres deben anticiparse a lo que sus hijos consumirán con el propósito de advertir el peligro moral. De la misma manera, pudiera tratarse de una amistad que resulte ser una mala influencia para nuestros hijos. Tal y como dice la Escritura: «No se dejen engañar: "Las malas compañías corrompen las buenas costumbres"» (1 Corintios 15:33). En este caso, los padres deben interve-nir de manera preventiva de forma que sus hijos no sean corrompidos.

En otras ocasiones, la dirección moral de los padres debe ser *correctiva*; es decir, los hijos ya han cometido algún hecho que es moralmente incorrecto y pecaminoso, así que se requiere la represión y posiblemente la disciplina de los padres. La parti-cipación de nuestros hijos en la burla hacia otros compañeros, el consumo de contenidos digitales que les estaban prohibidos o de sustancias ilegales, la forma irrespetuosa con que hayan tratado a otra persona, su rebelión contra nuestra autoridad como padres, entre otras situaciones, son solo algunos ejemplos de actos que requieren de una presencia moralmente correctiva de parte de los padres.

Esta presencia *moral* de los padres, tanto en su matiz preventivo como correctivo, resulta particularmente difícil y desafiante de llevar a cabo con una generación que cree que los valores morales son relativos. En medio de esta situación, muchos padres se sienten intimidados por sus hijos, porque al momento de hacer algún señalamiento de índole moral, sus hijos tienen mejores argumentos para defender sus posturas que aquellos con que los padres cuentan para sostener las suyas. Ante la posibilidad de que se produzca entonces un «choque de posturas», algunos padres optan por retirarse de su rol de guías morales de sus hijos. Ellos se dicen a sí mismos: «Tener una relación es preferible». Sin embargo, hay otros que, ante las diferencias de posturas con sus hijos, se frustran de tal manera que recurren a la violencia verbal o incluso física, empeorando con ello la relación.

En este punto es necesario advertir que la dirección moral requiere de mucha sabiduría, puesta en práctica de una manera efectiva. En general, el ser humano no recibe con facilidad el consejo de otros, y de hecho se resiste a la corrección. Por lo tanto, al dirigir a nuestros hijos moralmente, debemos hacerlo de una forma persuasiva más que impositiva. Yo diría que tenemos el deber de preparar nuestras posturas de tal modo que les resulten convincentes y hasta atractivas a nuestros hijos. Luego, debemos orar intensamente por nuestras conversaciones, para que cuando ofrezcamos esa dirección moral, nuestros hijos estén dispuestos a aceptarla.

Por último, la presencia de los padres además de ser física, emocional y moral debe tener un componente *espiritual*.
Bíblicamente, los padres están llamados a ser los que guíen
espiritualmente a sus hijos. Por supuesto que este aspecto
tiene mucha relación con la moral, pero va más allá, porque
los padres no se limitan a indicar lo que está bien o mal y
a hacer las correcciones pertinentes, sino que ofrecen una
explicación bíblica para sus posturas y su modo de proceder. En adición, la «presencia espiritual» de los padres en
la vida de sus hijos implica, no solamente que les darán un
sustento bíblico a sus direcciones y correcciones, sino que
traerán a la consideración de los hijos las posturas bíblicas
acerca de todos los asuntos que la vida implique. Martyn
Loyd Jones expresa esto en su valioso comentario del libro
de Efesios al decir:

Escuchamos quizás las noticias en la radio y comienza
la conversación. Se mencionan asuntos internaciona-
les, política, problemas industriales, etc. Una parte de
nuestra tarea de criar a nuestros hijos es asegurarnos
de que incluso esa conversación general se lleve a cabo
siempre en términos cristianos. Siempre debemos traer
el punto de vista cristiano. Los niños escucharán a otras
personas hablando de las mismas cosas. Es posible que
estén andando por el camino y escuchen a dos hombres
discutiendo sobre las mismas cosas que habían oído hablar en casa. De inmediato notarán una gran diferencia;
todo el enfoque era diferente en casa. En otras palabras,
el punto de vista cristiano debe incorporarse a toda la
vida. Ya sea que estén discutiendo asuntos internaciona-
les o locales, asuntos personales o comerciales, sea lo que

sea, todo debe ser considerado bajo este título general del cristianismo.[9]

Esta es justamente una de las implicaciones del pasaje de Deuteronomio 6:6-7, donde se les instruye a los padres a enseñarles a sus hijos la Palabra de Dios de manera diligente, diciéndoles: «Hablarás de ellas cuando te sientes en tu casa y cuando andes por el camino, cuando te acuestes y cuando te levantes». Es decir, toda la vida debe estar interpretada a la luz de la revelación de Dios.

Lamentablemente, resulta frecuente que la falta de conocimiento bíblico de muchos padres, les impide ofrecer una postura bíblica coherente ante las distintas situaciones que viven y enfrentan. De esta forma, los hijos son dejados a la «intemperie espiritual», tratando de interpretar el mundo de una forma que les parezca lógica, pero que usualmente no es bíblica.

Algo que es importante indicar es que estos tipos de presencia de los padres —física, emocional, moral y espiritual— se colocan uno sobre otro para hacer que el rol de la crianza que los padres llevan a cabo sea efectivo. Los padres que quieran que sus hijos se dejen dirigir moral y espiritualmente, deben primero haberse conectado con ellos a través de su presencia física y emocional. Por desdicha, resulta frecuente que los hijos respondan con rebeldía y desafío a la dirección de padres, que primero no se han conectado emocionalmente y no les han demostrado que los aman a través de una abundante presencia física. Es cierto que hay excepciones a esto, pero eso es lo que ocurre de manera habitual. Veamos el siguiente cuadro como resumen de los conceptos presentados.

---

9. David Martyn Lloyd-Jones, *Vida en el Espíritu en el matrimonio, el hogar y el trabajo: una exposición de Efesios 5:18–6:9* (Ciudad Real, España: Editorial Peregrino, 2015).

PRESENCIA DE LOS PADRES

Tipo de presencia	Propósito u objetivo
Física	Se comparte el mismo espacio físico con sus hijos y se comparte información pero externa a la persona.
Emocional *-Conexión-*	Presencia física más intercambio de emociones. Tanto padres e hijos comparten cómo se sienten con distintos aspectos de la vida.
Moral	Hay dirección moral, opiniones de lo que está bien o mal, límites para "cuidar" a los hijos. Tanto padres como hijos dan su opinión.
Espiritual	Los padres le dan un enfoque espiritual a todo lo que pasa en la vida. Los hijos son liderados espiritualmente.

Evaluemos nuestra crianza

Piensa en tu hijo como en un terreno. En ese terreno debes sembrar la Palabra de Dios. A menos que trabajes ese terreno, lo «abones», lo «ares», es decir, a menos que te entregues a tu labor, ese terreno no estará apto, no será fértil y la semilla sembrada no dará fruto. Pídele a Dios sabiduría a fin de hacer los ajustes necesarios, para que en la medida de lo posible abras el espacio que requiere estar presente en todo el sentido de la palabra en la vida de tus hijos.

A la luz de todo lo expuesto, ¿estamos realmente presentes en las vidas de nuestros hijos? Considera las siguientes preguntas:

1. ¿Estoy haciendo mi mejor esfuerzo para maximizar el tiempo que paso con mis hijos?

2. Cuando tengo tiempo libre ¿a qué lo estoy dedicando?

3. ¿Cómo saben mis hijos que los valoro y que ellos son importantes para mí?

4. Cuando mis hijos requieren tiempo o sacrificio de mi parte, ¿lo reciben gustosamente, o hay gestos de hastío o pesadez?

5. ¿Soy un padre/madre física, emocional, moral y espiritualmente presente?

6. Si no lo soy, ¿qué podría hacer para poder tener una presencia más integral en mi hogar?

CAPÍTULO 5

Criando con devoción

En nuestro hogar no tenemos perro, pero debo confesar que me resulta atractivo verlos, apreciarlos, notar sus expresiones emocionales, sus ocurrencias, sus habilidades físicas, y sobre todo el afecto sincero que manifiestan. La razón por la que no he querido tener una de estas hermosas criaturas es que su cuidado requiere un nivel de entrega y atención que no puedo asumir. Hasta cierto punto me sorprende ver lo mucho que una persona está dispuesta a invertir de sí misma en el cuidado de su perro, y podría incluso decir que admiro esa disposición. Viendo esto, he deseado que esa misma actitud pueda ser observada con frecuencia en las relaciones entre padres e hijos. No obstante, por el contrario, es usual notar cierta dejadez en la manera en que muchos padres asumen la labor de criar a sus hijos. La razones para dicha dejadez paternal son múltiples, y en el caso de algunos padres puede haber más de una razón.

Una primera razón que explica dicha dejadez es una actitud *evasiva* de parte de muchos padres ante la vida; es decir, se trata de evadir en la medida de lo posible lo que implique sacrificio y dolor. Los que abrazan esta actitud en su vida tienden a ignorar, negar o posponer todo aquello que requiera abnegación y renuncia, cosas que ciertamente la crianza de los hijos implica. En ocasiones criar se siente como algo agotador, y si no acepto dicha realidad, no haré lo que me corresponde hacer. En la crianza, como en la medicina, lo que no se trata se infecta. Esa es la realidad.

Una segunda razón que explica la dejadez de algunos padres en la crianza de sus hijos es su *egoísmo*. En mayor o menor grado, todos somos egoístas. Si tienes dudas de mi afirmación, te pregunto: ¿amas al prójimo como a ti mismo? Ante cualquier necesidad de tu prójimo, ¿te compadeces hasta tal punto que te inclinas a lidiar con esa necesidad dando todo lo que se requiera de ti? La respuesta casi general es que no lo hacemos. La parábola del buen samaritano (Lucas 10) está ahí precisamente para decirnos que no tenemos el tipo de amor que Dios requiere de nosotros, un amor entregado, abnegado, completo y total. Vemos la necesidad humana y no nos entregamos por completo. Y no amamos así porque somos egoístas, ¡pero gracias sean dadas a Cristo que nos perdonó en la cruz!

En este sentido, lamentablemente, el nivel de egoísmo de algunos padres interfiere y boicotea su labor de crianza. Su exceso de enfoque en ellos mismos los hace ver y tratar a sus hijos como un estorbo. Aunque no lo digan ni lo reconozcan, su dejadez paternal así lo manifiesta. Es triste ver a hijos descuidados por padres egoístas que anteponen sus profesiones, sus pasatiempos, su cuidado personal o su agenda social a su labor de criar. Estos padres quieren ver a sus hijos felices, pero parece que su propia felicidad es más importante.

La dejadez paternal también es a veces explicada por una tercera razón, que es la *ignorancia* de parte de los padres de lo que implica la crianza. Algunos padres sencillamente no entienden su rol ni la tarea que tienen por delante al criar a sus hijos, pero con frecuencia en lugar de educarse bíblicamente al respecto, adoptan enfoques mundanos sobre la crianza. A los padres les corresponde acudir a la Palabra de Dios y aprender de sus enseñanzas, siendo instruidos en cuanto a cómo convertirse en los padres que deben ser. El apóstol Pablo le dice a Timoteo: «Toda Escritura es inspirada por Dios y útil para enseñar, para reprender, para corregir, para instruir en justicia, a fin de que el hombre de Dios sea perfecto, equipado para toda buena obra» (2 Timoteo 3:16-17).

Una cuarta razón observada que explica la dejadez de algunos padres en su rol de criar es el *desenfoque*; es decir, hay otros asuntos que absorben su atención. Nuestra generación vive en un estado de hipocresía en cuanto a la crianza de los hijos. Se dice que los hijos son importantes y valiosos, pero al mismo tiempo otras cosas parecen ser más relevantes que ellos. Se dice una cosa, pero se hace otra. Ahí está la hipocresía. El siguiente cuadro resulta útil para resumir las razones expuestas para la dejadez de los padres en su rol de crianza.

RAZONES PARA LA DEJADEZ PATERNAL

Razón	Motivo o explicación
Evasión	Lo difícil de la vida se evade, se pospone o se ignora
Egoísmo	"La vida se trata de mí". Los hijos son un estorbo
Ignorancia	No se entiende la necesidad del rol paternal
Desenfoque	Otras cosas absorben la atención. Las más urgentes. Pueden ser *ídolos* del corazón. Es frecuente sentir culpa.

La generación en la que nos ha tocado vivir no entiende la crianza como una prioridad ni como algo valioso. El valor de una persona está usualmente asociado a su aporte y acumulación económica, así como a su ascenso profesional público. Para muchos, que alguien se dedique a criar a tiempo completo es un desperdicio de la vida. Eso ha hecho que muchos padres se «distraigan» de su rol a expensas del bienestar emocional, moral y espiritual de sus hijos. El hecho de que un hombre haga ciertos sacrificios para estar más tiempo con su familia es inconcebible para muchos. La decisión de una mujer de pausar su carrera profesional para criar a sus hijos sería considerada como una «imposición de la sociedad machista», y probablemente esa mujer sería catalogada como una primitiva.

Ante la dejadez paternal descrita, independientemente de las razones para ello, muchos padres se sienten culpables e intentan *compensar* o *justificar* dicha dejadez. Los que tratan de compensar su falta de entrega hacia sus hijos usan con frecuencia lo material; es decir, les dan obsequios como viajes, móviles, autos, ropa o experiencias diversas, entre otras cosas. De la misma manera, otros padres optan por compensar su dejadez reduciendo en su crianza toda represión o corrección al hijo, cayendo de esta forma en la indulgencia moral; es decir, «dejar pasar» aquello que no se debe permitir.

También están los padres que *justifican* su dejadez. Las formas de hacerlo son diversas, pero una que es común es quitarle importancia a lo que los hijos hacen y pensar que la «autocrianza»[1] funciona. Ante el desvío, pecado o necedad de sus hijos, estos padres optan por considerarlo como «cosas de jóvenes», es decir, como si no fueran importantes.

En otros casos, algunos padres afirman que esas situaciones sirven de enseñanza para los hijos y hay que dejarlos que aprendan de sus propios errores. Esa última idea es hasta cierto

---

1. La autocrianza es la idea de que los hijos pueden ser guiados por sus propias experiencias. Cuando los padres entienden la crianza de esta manera, se mantienen al margen de las vidas de sus hijos confiando en que la vida los forme.

punto correcta, pero no debería ser usada para justificar la falta de involucramiento en la vida de sus hijos. No hay justificación para la dejadez paternal. Lo que procede hacer es admitir nuestra falta como padres, arrepentirnos de ello y hacer los ajustes para involucrarnos. «Dios resiste a los soberbios y da gracia a los humildes» (Santiago 4:6, NVI)

La dejadez paternal descrita anteriormente es contraria a la actitud que según la Palabra de Dios deben tener y exhibir los padres en su labor de crianza. Moisés instruye a los israelitas, primero, a vivir ellos la Ley de Dios, y luego a pasarla a sus hijos «diligentemente».[2] Este es un concepto contrario a la dejadez que se observa en muchos padres. El compromiso de instrucción de los padres se reitera más de una vez en las Escrituras,[3] de modo que podemos asegurar que Dios espera un involucramiento paterno diligente y devoto en la vida de sus hijos.

Siguiendo la misma idea, un versículo al que ya hemos hecho referencia en este libro y que hemos definido como el más completo de la Biblia en cuanto a la crianza tiene algo que decirnos al respecto.

> Y ustedes, padres, no provoquen a ira a sus hijos, sino críenlos en la disciplina e instrucción del Señor (Efesios 6:4).

---

2. «Escucha, oh Israel, el SEÑOR es nuestro Dios, el SEÑOR uno es. Amarás al SEÑOR tu Dios con todo tu corazón, con toda tu alma y con toda tu fuerza. Estas palabras que yo te mando hoy, estarán sobre tu corazón. Las enseñarás diligentemente a tus hijos, y hablarás de ellas cuando te sientes en tu casa y cuando andes por el camino, cuando te acuestes y cuando te levantes. Las atarás como una señal a tu mano, y serán por insignias entre tus ojos. Las escribirás en los postes de tu casa y en tus puertas» (Deuteronomio 6:4-9).

3. En Deuteronomio 11:18-21 volvemos a encontrar la misma idea: «Graben, pues, estas mis palabras en su corazón y en su alma; átenlas como una señal en su mano, y serán por insignias entre sus ojos. Enséñenlas a sus hijos, hablando de ellas cuando te sientes en tu casa y cuando andes por el camino, cuando te acuestes y cuando te levantes. Y escríbelas en los postes de tu casa y en tus puertas, para que tus días y los días de tus hijos sean multiplicados en la tierra que el Señor juró dar a tus padres, por todo el tiempo que los cielos *permanezcan* sobre la tierra».

La palabra «críenlos» en este versículo está cargada de significado e implicaciones para los padres. Es útil acudir al lenguaje original para poder destilar la intención del autor. Aquí les pido algo de atención, pues profundizaremos en ciertos aspectos técnicos del lenguaje griego y de su gramática. ¡Dios nos ayude!

El término griego que se traduce como «críenlos» es *ektrepho*. Se trata de una palabra compuesta por *ek*,[4] que significa «fuera» o «desde», y *trepho*,[5] que significa nutrir, proveer, alimentar. La combinación de ambas palabras implica proveer lo necesario para llevar al hijo a la madurez. Es decir, los padres deben ocuparse de suplir, proveer y nutrir a los hijos con todo lo que necesitan para su crecimiento y desarrollo como personas. Es importante señalar que el verbo *ektrepho* está en presente imperativo, lo que implica que esto es un mandato a los padres para que hagan esto como práctica habitual en sus vidas.

Sin embargo, hay algo más, Pablo da este mandato luego de ordenarles a los padres que «no provoquen a ira a sus hijos», e inmediatamente después añade «sino críenlos». La palabra griega para «sino» es *alla*,[6] la cual implica un contraste marcado con lo anterior. Es decir, la labor de crianza que es ordenada por Pablo se aleja marcadamente de aquella que incita a los hijos a la ira y el resentimiento hacia los padres. Esta sería una crianza que produce en el hijo una buena disposición hacia la formación que está recibiendo y le facilita mostrarle a sus padres la obediencia a la que ha sido llamado.

---

4. 1537 ek, ex /ek/ prep. Una preposición primaria que denota origen (el punto desde donde una acción o movimiento inicia), desde, fuera, (de lugar, tiempo o causa). James Strong, *Enhanced Strong's Lexicon* (Ontario: Woodside Bible Fellowship, 1995).
5. 5142 trepho /tref·o/ v. Verbo primario traducido como alimentar, nutrir, criar. James Strong, *Enhanced Strong's Lexicon* (Ontario: Woodside Bible Fellowship, 1995).
6. 89.125 ἀλλά: Indica un contraste enfático. Johannes P. Louw y Eugene Albert Nida, *Greek-English Lexicon of the New Testament: Based on Semantic Domains* (Nueva York: United Bible Society, 1996).

Vista así, la labor paterna de criar debe ser hecha con entrega, gentileza y ternura. Quizás la palabra que mejor resumiría la actitud de los padres al criar sería «devoción», más que a los hijos a la labor misma de la crianza. La devoción implica un sentimiento de profundo respeto y admiración inspirado por la dignidad, la virtud o los méritos de una persona, una institución, una causa, etc.[7] Me gusta la idea de pensar en ser «padres inspirados» en lo sublime de la labor de formar a nuestros hijos. Ese fue el sentido que vieron múltiples autores del pasado al interpretar Efesios 6:4.

Juan Calvino, en su comentario de Efesios, expresa el significado de «críenlos» como «sean amablemente atesorados». El teólogo y comentarista bíblico del siglo pasado, William Hendricksen, parafraseó la palabra «críenlos» como «críenlos con ternura». Por su parte, el respetado pastor inglés John Stott la tradujo como «lidien gentilmente con ellos». Un autor más reciente, R. C. Sproul, conocido por la profundidad y la sencillez de su enseñanza, al referirse a la palabra «críenlos» dice lo siguiente:

La palabra griega sugiere la idea de criar y ayudar a florecer. A los padres se les confían las mentes, los sentimientos y los cuerpos de frágiles portadores de la imagen divina. Por consiguiente, los hijos no existen para los padres, sino los padres para los hijos, al ayudarlos a desarrollar su propia persona delante de Dios.[8]

Todos coinciden en que el mandato de Pablo implica que la labor de criar a nuestros hijos debe ser llevada a cabo con dedicación y esmero. La crianza no es una tarea que tolera ligereza, superficialidad o dejadez de parte de los padres. La misma se resiente y se degrada significativamente ante tales condiciones.

7. Diccionario Oxford de inglés, abril 2022.
8. R. C. Sproul, *Biblia de Estudio de la Reforma* (Florida: Ligonier Ministries, 2020).

Esto no implica que seamos padres perfectos, solo Dios lo es, pero sí implica que debemos desear hacerlo lo mejor que podamos y crecer en nuestra labor de criar a nuestros hijos.

Así como queremos crecer en nuestras profesiones, nuestras habilidades deportivas, nuestro conocimiento intelectual y nuestra vida espiritual, la crianza no debe ser la excepción. Debería haber un deseo en mí de ser un padre más presente, más consistente, más profundo bíblicamente, más conectado emocionalmente con mi hijo. Y cuando falle en algún aspecto de mi crianza, debería estar dispuesto a admitir mi pecado delante de Dios primero y luego delante de mis hijos, para que haya transparencia y sanidad en la relación.

Papá y mamá criando de manera devota

En la mayoría de los pasajes bíblicos que tienen que ver con la crianza, si no en todos, el padre figura junto a la madre como parte responsable. De hecho, a los hijos se les instruye a honrar al padre y a la madre en el quinto mandamiento de la Ley de Dios (Éxodo 20:12; Efesios 6:1), y a lo largo del libro de Proverbios se exhorta al hijo a escuchar la enseñanza y el consejo tanto del padre como de la madre. Está claro que, para Dios, la labor de criar a los hijos es una labor conjunta que realizan papá y mamá. Ninguno pudiera desentenderse de participar, «lavarse las manos», en algún aspecto de la crianza de los hijos. El padre, así como la madre, deben involucrarse en todos los aspectos del desarrollo de sus hijos. Papá y mamá son una sola «entidad» para los hijos delante de Dios.

Es importante enfatizar esto, porque por alguna razón en muchos países, principalmente hispanos, la crianza es entendida como una responsabilidad que recae más sobre la madre que en el padre. El rol del padre usualmente es el del proveedor económico, mientras que la madre es vista como aquella que provee el sustento emocional y espiritual del hogar. He sido consejero de algunas familias en situaciones de conflicto matrimonial y hemos llegado al punto en que la mujer dice: «Mi esposo es un padre muy responsable, nunca nos ha faltado nada». Esta declaración manifiesta que, al menos para esa mujer, si el hombre provee lo material, ha cumplido con su responsabilidad primordial. No me mal entiendan, la provisión económica de la familia es importante, pero el rol del padre no termina ahí... ¡de hecho, ahí comienza! Es decir, eso es lo mínimo que él debe hacer por sus hijos. Tal y como afirma el apóstol Pablo: «Pero si alguien no provee para los suyos, y especialmente para los de su casa, ha negado la fe y es peor que un incrédulo» (1 Timoteo 5:8).

Lamentablemente, muchos papás no se involucran en la crianza de sus hijos como deberían. Por las razones que sean, las mamás superan significativamente a los papás en presencia, conexión emocional e involucramiento en sentido general con los hijos. En los Estados Unidos, uno de cada cuatro niños no tiene la presencia de una figura paterna en el hogar,[9] lo que incluye a unos 18,4 millones de niños. Es probable que ese porcentaje sea mayor en los países de menor ingreso como los latinoamericanos. Y eso no considera el hecho de que en los hogares donde sí se cuenta con la presencia de papá, la misma es frecuentemente distante.

Lo que la Biblia instruye es confirmado por múltiples estudios que han demostrado la enorme importancia del involucramiento del papá en las vidas de los hijos. Según un reporte de la Iniciativa Nacional para la Paternidad en los Estados Unidos,[10]

9. Oficina del Censo de los Estados Unidos (2022), «Alojamiento para niños menores de dieciocho años de 1960 a la fecha», Washington, D. C.: Oficina del Censo de los Estados Unidos, https://www.census.gov/data/tables/time-series/demo/families/children.html.
10. www.fatherhood.org.

un padre ausente supone para los hijos un riesgo de pobreza cuatro veces mayor y mucha más probabilidad de tener problemas de conducta e ir a la cárcel. La ausencia de papá también conduce a una probabilidad siete veces mayor de que las adolescentes queden embarazadas, así como a una mayor probabilidad de abusar de las drogas y el alcohol. La obesidad y el abandono de las escuelas es mucho más probable que ocurra en los hogares con papás ausentes.

Sin embargo, de la misma manera, se ha observado que la presencia del papá resulta vital para el desarrollo físico y emocional de los hijos. Los papás cercanos duplican la probabilidad de que sus hijos vayan a la universidad y encuentren un trabajo estable luego de la secundaria. Los papás involucrados hacen que sus hijos tengan un 43 % más de probabilidades de obtener una calificación de A en la escuela y que sea un 33 % menos probable que repitan el grado. Algunos de los beneficios de tener papás presentes e involucrados son que existe mucho menos tendencia a la depresión, mayor confianza y estabilidad en las relaciones sociales y más autocontrol, entre otros.[11]

Es posible que algunas madres solteras —o casadas, pero que no cuentan con el apoyo comprometido del padre de sus hijos— al conocer toda esta información se sientan inquietas. Eso es entendible. Si la presencia del papá es tan importante como se muestra, ¿qué pueden hacer entonces aquellas que no cuentan con esa presencia devota del padre? Para responder a esto y ofrecer algo de esperanza, quisiera citar al pastor John MacArthur:

> La situación no es desesperada en tanto que siquiera uno
> de los padres emprenda la tarea de criar a sus hijos en
> la disciplina y la amonestación del Señor. Es desde luego

11. «10 Facts about Father Engagement», The Fatherhood Project, http://www.thefather-hoodproject.org/media/10-Facts-About-Father-Engagement.pdf.

difícil para un padre trabajar solo (y todavía incluso más difícil cuando este padre o madre tiene que actuar en contra del ejemplo impío del otro progenitor), pero en todo caso la situación no es desesperada, porque el mismo Dios está dispuesto a suplir la necesidad. Él no olvida a aquel padre o madre solos y a los niños de los hogares rotos. Él es «Padre de los huérfanos y defensor de las viudas» (Salmos 68:5). En otras palabras, Él sustenta a los huérfanos y a las viudas con una gracia y una misericordia especiales. Su naturaleza misma es la de ser amigo de los que no los tienen, y la de suplir a las necesidades de los menesterosos. Los padres solos pueden recurrir a su misericordia y refugiarse en su inagotable bondad.[12]

Es importante notar que el pastor MacArthur hace referencia a «padres solos». Aunque hemos enfatizado la importancia del involucramiento del papá, lo hemos hecho porque lo cierto es que los padres tienden a estar más ausentes que las madres en la crianza de sus hijos. Pero del mismo modo es una realidad, e inquietantemente creciente, que también hay madres que se distancian o se desentienden del rol que les corresponde en la crianza. En este sentido, esta cita les habla tanto a madres como a padres que se ven solos en su rol de levantar a sus hijos.

Una crianza devota necesita de un matrimonio bíblico

Si bien nuestro Dios será sostén y guía para aquellos que tengan la difícil tarea de criar solos a sus hijos, no podemos obviar que

---

12. John MacArthur, *Cómo ser padres cristianos exitosos* (Grand Rapids: Editorial Portavoz, 2016), p. 143.

un matrimonio que funcione según la Palabra de Dios es uno de los aspectos fundamentales para el éxito en la crianza. No es casual que en cada ocasión en la que el apóstol Pablo habló de criar a los hijos, antes de ello se refirió a la relación matrimonial.[13]

Bíblicamente, la relación entre el hombre y la mujer «gobierna» el hogar en el sentido de que ellos son la autoridad a la cual los hijos deben obedecer (Efesios 6:4; Colosenses 3:20). Es obvio que si dicha relación no funciona como debería hacerlo, se boicotea la formación de los hijos. El matrimonio de sus padres es para los hijos una especie de escenario en el que ellos contemplan la dinámica relacional entre papá y mamá, y a partir de dicha contemplación perciben, aprenden, concluyen y experimentan aspectos que luego les darán forma a sus vidas.

Muy pocos discutirían que vivimos en una sociedad moralmente corrupta y espiritualmente perdida. Podríamos atribuir a muchos factores dicha condición, pero si rastreamos su origen se llegaría a la conclusión de que ha sido producto de la descomposición familiar y en particular del deterioro de los matrimonios, que como ya dijimos, constituyen la relación que gobierna el hogar. El tejido social tiene como su «célula» más pequeña a la familia, y cuando dicha célula se enferma, los síntomas sociales son múltiples y lamentables.

Hace un tiempo atrás mi esposa y yo compartimos con una persona a la que habíamos conocido hacía poco tiempo. En una de nuestras conversaciones iniciales le preguntamos a qué se dedicaba y nos dijo que era entrenadora de perros. Nos relató el tránsito desde su profesión anterior hasta esta nueva tarea, la cual consideraba que era su verdadera vocación. Me sentí curioso y le hice múltiples preguntas al respecto.

---

13. Ver Efesios 5:22-6:4; Colosenses 3:18-20.

En nuestro intercambio, y para nuestra sorpresa, nos dijo que con el fin de lograr sus objetivos debe invertir la mayor cantidad de su tiempo con los «padres» de los perros, es decir, con los dueños. Según su experiencia, ellos son los causantes principales de los comportamientos erráticos, disfuncionales o violentos de sus amadas mascotas, y de manera específica señaló que la falta de «alineación» entre los miembros de la familia es uno de los problemas principales, con lo cual se refería a que el perro reciba estímulos distintos de diferentes personas.

De manera análoga, que nuestros hijos respondan de manera apropiada a la crianza en el hogar requerirá una alineación de los padres, y dicha alineación dependerá de que el matrimonio funcione como corresponde. La crianza requiere que los padres se pongan de acuerdo en los valores que van a inculcarles a sus hijos, las reglas que serán establecidas, las disciplinas que serán aplicadas, así como en quién aplicará y comunicará dichas disciplinas, entre muchos otros asuntos. Los padres «desalineados» confunden e irritan a los hijos, lo que conduce a una crianza que no produce buenos frutos.

En adición a esto, un matrimonio que no se conduce bíblicamente debilita la calidad moral de los padres para poder pedirles obediencia a sus hijos. Si los hijos no ven a la madre en gozosa sumisión al padre (Efesios 5:22), ni ven al padre amando a su esposa como Cristo a la iglesia (Efesios 5:25), ¿por qué razón se someterían a sus padres? (Efesios 6:1). Ellos pudieran hacerlo de manera externa e hipócrita por un tiempo, pero tarde o temprano su inconformidad saldrá a la luz.

Los hijos también tienen en el matrimonio *bíblico* de sus padres la más cercana muestra de cómo deben conducirse en la vida en cuanto a la resolución de conflictos, el respeto hacia otros, la importancia del trabajo en equipo, la admisión de sus errores, lo vital de la comunicación transparente, el servicio hacia los demás y muchos otros aspectos fundamentales para una vida funcional y, más que funcional, piadosa. Aún más, lo hijos replican lo que ven e incluso lo que perciben en la relación de papá y mamá. Ellos no solo aprenden lo positivo, grandes lecciones que les serán útiles en sus vidas, sino que también lamentablemente copian lo negativo. Los padres debemos entender que nuestros hijos nos observan como esposos y muchas de las más profundas lecciones de vida las obtendrán, no de lo que les enseñemos en el devocional familiar, sino de la dinámica de nuestros matrimonios.

Evaluemos nuestra crianza

1. Siendo honesto contigo mismo, del 1 al 10, ¿qué tan dedicado eres en tu crianza?

2. ¿Por qué te diste un número menor a 10? ¿Qué podrías hacer para mejorar tu calificación como padre/madre?

3. De la misma manera que quisieras crecer en tu profesión o en tu destreza deportiva, ¿te has propuesto crecer como padre/madre?

4. Con toda honestidad, en el trato con tus hijos, ¿pueden ellos notar o percibir una actitud de entrega y devoción hacia ellos? ¿Crees que ellos dirían que eres un padre/madre entregado a la crianza?

5. ¿Crees que deberías pedirles perdón a tus hijos por tu desdén o dejadez en la crianza?

CAPÍTULO 6

Pertinencia paterna

A diferencia de muchas especies de animales, los niños nacen en una condición física que demanda una absoluta dependencia de sus padres. No caminan, no ven con claridad, ni siquiera son capaces de alimentarse por sí mismos. Sería fatal para un recién nacido no contar con el cuidado de sus progenitores. Sin duda que esta condición les envía el poderoso mensaje a los padres de que sus hijos necesitan de ellos. Y esta dependencia de los hijos no solo es física, sino que incluye todos los aspectos de la persona. De ahí la necesidad de una labor entregada de parte de los padres.

Por lo tanto, dada la condición humana al nacer, la cual pasaremos a explicar a continuación, la labor de criar no tolera la dejadez o el desgano de los padres, al contrario, demanda su mejor esfuerzo y dedicación. La crianza debe ser asumida con profunda devoción si es que queremos tener éxito en ella.

La compleja y necesitada condición humana

A menos que conozcamos y aceptemos la condición en la que nuestros hijos nacen, será difícil que abordemos la crianza

como corresponde. Algunos de los planteamientos que haremos pudieran resultar chocantes y hasta hirientes para algunos, pero son necesarios a la luz del alto llamado que tenemos
a criar a nuestros hijos.

Lo primero a considerar y aceptar es que todos nacemos pecadores, incluidos nuestros hermosos y amados hijos. Las Escrituras declaran: «Pues soy pecador de nacimiento, así es, desde
el momento en que me concibió mi madre» (Salmos 51:5, NTV).
El salmista acepta su condición de pecador y nos revela, inspirado por el Espíritu Santo, que esta es una condición con la
que se nace. Nuestros hijos no pecan porque aprenden a pecar,
sino que pecan porque son pecadores. La condición de pecado
afecta todas las facultades de mis hijos,[1] la forma en que sienten y reaccionan, la manera en que piensan y razonan, y lo que
deciden y finalmente hacen.

Un segundo aspecto a considerar en cuanto a la condición
en la que mis hijos vienen «de fábrica» es que son ignorantes.
Esta ignorancia incluye absolutamente todos los aspectos de
vida. Ellos nacen sin información alguna. Un niño ignora que
el lodo no es comida, que la pared no es un lienzo para pintar
y que corresponde saludar cuando se llega a algún lugar. Más
adelante en su vida, ignora qué considerar a la hora de seleccio-
nar una vocación o buscar pareja. De manera más amplia, los
hijos ignoran el propósito de la vida y qué lugar deben ocupar
en este mundo, el cual les resultará confuso y frustrante a menos que cuenten con padres que los ayuden a procesar lo que
ven. La combinación de la ignorancia con el pecado convierte a
nuestros hijos en ignorantes orgullosos. Paradójicamente, a pesar de que no saben nada, se resisten a escuchar, piensan que lo

---

1. Esto es lo que los teólogos han llamado la doctrina de la depravación total.

saben todo y se cierran al consejo. Ignoran que son ignorantes, y eso complica la crianza.

Además de pecadores e ignorantes, la condición en la que nacen nuestros hijos es de total inmadurez. Me refiero a la inmadurez emocional, la cual implica el control de los deseos, la aceptación y el cumplimiento de la responsabilidad, permitiendo que la persona sea capaz de gobernarse y vivir como se debe, no en base a lo que quiere. Los hijos nacen inmaduros. En Lucas 2:52 se nos dice acerca de Jesús: «Y Jesús crecía en sabiduría, en estatura y en gracia para con Dios y los hombres». Crecer en sabiduría incluye ese aspecto de la madurez al que hago referencia. Tiene que ver con saber vivir la vida de acuerdo con los principios de la Palabra de Dios.

Y como si todo lo anterior fuera poco, hay un cuarto ingrediente adicional, y es que a nuestros hijos pecadores, ignorantes e inmaduros les toca vivir en un ambiente corrupto. Cuando ellos son enviados a sus centros educativos, desde la primaria hasta la universidad, reciben malas influencias, y ellos también pudieran ser de mala influencia para otros. Cuando se exponen a lo que aparece en las pantallas, pueden encontrarse con todo tipo de corrupción. Será inevitable que estén expuestos y en ocasiones se vean tentados por lo que ven y experimentan en sus distintas interacciones con el mundo en el que vivimos. Esto resulta inquietante para nosotros como padres, y más aún cuando estamos viviendo tiempos parecidos a los descritos por el profeta Isaías:

> ¡Ay de los que llaman al mal bien y al bien mal, que tienen las tinieblas por luz y la luz por tinieblas, que tienen lo amargo por dulce y lo dulce por amargo! (Isaías 5:20).

Esta es la condición en la que nacen nuestros hijos: pecadores, ignorantes, inmaduros e inmersos en un entorno corrupto.

Y hay un agravante en toda esta situación, y es que ellos ignoran su propia condición. La compleja y necesitada condición
humana en la que nuestros hijos nacen, que a su vez es igno-
rada por ellos, explica la razón por la que la Palabra de Dios
instruye a los padres a dedicarse en cuerpo y alma a la crianza
de los hijos. De la misma manera que un paciente en cuidados
intensivos requiere una atención permanente y un cuidado de-
tallado, así nuestros hijos requieren nuestra devoción en nuestra labor de criarlos. La siguiente gráfica pudiera ser útil para
tener una «foto» mental de la condición de nuestros hijos y que
nos resulte un recordatorio de la necesidad que tenemos de ser
pertinentes en nuestro proceder.

Visto así, la crianza no solo implicará proveer lo que mis hijos necesitan para lidiar con su pecado, superar su ignorancia y
crecer en madurez, sino que tendré que hacerlo de tal manera
que no se resistan a mi labor. Cómo ya vimos, producto de su
pecado, su orgullo frecuentemente les dirá que no necesitan
de mí. Nuestra intervención entonces requerirá de mucha sabiduría en la manera de conducirse y sobre todo de orar intensamente por ellos para que Dios, en Su gracia, los disponga a
recibir lo que queremos y tenemos que trasmitirles.

Cada cosa en su lugar

A los padres nos sería útil entender bien lo que denomino la *pertinencia paterna*. Lo pertinente es aquello que resulta adecuado, congruente con algo, que se corresponde y viene a propósito.[2] La pertinencia es la adecuación de una cosa a algo. Implica actuar según las circunstancias lo ameritan. En este sentido, la pertinencia paterna significaría la capacidad de los padres de adecuar su labor de criar en función de lo que el hijo necesite o requiera en un momento dado.

En una ocasión, un hermano de la iglesia se me acercó con una inquietud sobre su hijo adolescente. Las calificaciones del chico habían caído de manera preocupante. El padre, indignado por la situación, actuó con firmeza. Reprendió duramente a su hijo, le suprimió algunos de los privilegios en el hogar y le advirtió que si las cosas no mejoraban, las consecuencias serían mayores.

Pasó un tiempo y las calificaciones no fueron mejores. El padre se sentía frustrado y decepcionado. El hijo no sabía qué hacer. Fue en ese momento que el padre se me acercó buscando consejo. Le pregunté si se había sentado a hablar con su hijo y me respondió que sí, pero me percaté de que dicha conversación fue un monólogo en el que solo el padre habló. No preguntó qué pasaba, no indagó cómo se sentía su hijo, no exploró las luchas que el chico estaba teniendo en ese momento. Le pedí al padre que escuchara lo que su hijo tenía que decir sobre el tema, el cual manifestó que no sabía cómo atender la gran cantidad de tareas que debía cumplir. Él quería mejorar, pero no podía lograrlo. El hijo necesitaba ayuda a fin de saber cómo manejar su tiempo, no represión. En otras palabras, la represión del padre fue *impertinente*, porque no era lo que el hijo necesitaba en ese momento.

2. Diccionario de la lengua española (Real Academia Española).

Gracias a Dios, más adelante las calificaciones mejoraron en la medida en que el padre ayudó a su hijo de manera pertinente a ordenar su tiempo y sus deberes.

La impertinencia paternal es algo en lo que incurrimos con más frecuencia de la que nos percatamos. Seríamos impertinentes si reprendemos o corregimos a nuestros hijos cuando no corresponde. O por el contrario, cuando una corrección sería adecuada y no lo hacemos. Seríamos impertinentes si nos reímos de bromas impuras o desconsideradas, o si no advertimos el peligro moral cuando es necesario. También lo seríamos si insistimos en reprender a nuestros hijos cuando ya han mostrado su arrepentimiento por alguna falta cometida. Ante todas estas y muchas otras impertinencias paternales que podamos cometer, lo «pertinente» sería pedirle perdón a Dios y a nuestros hijos.

Este concepto de pertinencia paterna es tremendamente importante considerando, como ya hemos mencionado, la condición en la que nuestros hijos nacen: siendo pecadores, ignorantes e inmaduros, en adición al ambiente corrupto en el que viven. En nuestra interacción diaria con nuestros hijos, tendremos que discernir si sus acciones, actitudes y reacciones responden a su pecado, su ignorancia o su inmadurez para proceder según la necesidad del momento, es decir, de manera pertinente en cada caso.

Pertinencia paternal con el pecado de nuestros hijos

Sin duda que el pecado es el aspecto de la condición de nuestros hijos que representa nuestro mayor desafío como padres, y diría que es también el que reviste más importancia debido a que afecta todas las facultades de nuestros hijos. La gran mayoría de las malas conductas y reacciones, los desatinos morales, las imprudencias y los incumplimientos de nuestros hijos tienen su origen en su corazón pecaminoso.

Si al lidiar con alguna de las situaciones mencionadas nos percatamos que tiene su origen en una inclinación pecaminosa del corazón de nuestros hijos, nos corresponde indicarles el pecado del que se trata, tratar de conducirlos hacia el arrepentimiento, y ofrecerles el perdón que se puede obtener solo en Cristo. Tal y como escribe Tedd Tripp en su clásico libro de crianza, «pastoreando el corazón de tu hijo».[3]

> Debes exigir una conducta apropiada, pues la ley de Dios lo demanda, pero no puedes quedar satisfecho dejando las cosas a ese nivel. Necesitas entender y ayudar a tu hijo a comprender la manera en que su descarriado corazón ha producido una conducta torcida.

Cada ocasión en la que nuestros hijos pecan es una oportunidad redentora o santificadora. Redentora si nuestros hijos aún no son creyentes, ya que su pecado sería la «excusa» perfecta para presentarles el evangelio de la salvación y hacerles ver su necesidad de un Salvador. En las ocasiones en las que nuestros hijos pecan, de alguna manera buscan la satisfacción de sus corazones en lugares equivocados. Debemos estar ahí para indicarles el camino a la vida plena que Cristo vino a ofrecer. «Yo he venido para que tengan vida, y para que la tengan en abundancia» (Juan 10:10).

Ahora bien, si nuestros hijos son creyentes, su pecado me abre la puerta a su discipulado, a su santificación. En este caso, el trabajo de los padres es como el del pastor, cuyo

3. Tedd Tripp, *Cómo pastorear el corazón de tu hijo* (Medellín: Poiema Publicaciones, 2016), edición Kindle.

objetivo es conducir a los discípulos a una mayor cercanía y semejanza a su Señor. Los padres están llamados a percatarse de las áreas pecaminosas en las vidas de sus hijos, tratarlas con ellos según sea el caso, presentarles el consejo bíblico para lidiar con las mismas, y caminar con ellos en dependencia de su Señor.

Pertinencia paternal con la ignorancia y la inmadurez de nuestros hijos

Como ya dijimos, nuestros hijos nacen ignorantes e inmaduros. Aunque estos son aspectos distintos de su condición, he decidido tratarlos de manera conjunta, porque existe un cierto solape. Resulta frecuente que la ignorancia en ciertos aspectos de la vida produzca actitudes o acciones inmaduras. De este modo, la ignorancia y la inmadurez tienden a solaparse o mezclarse, generando una serie de desafíos en la crianza.

Pensemos en lo siguiente para entender la diferencia entre la ignorancia y la inmadurez. Por su ignorancia, nuestros hijos no saben lo que es la vida ni de qué se trata; por su inmadurez, nuestros hijos no saben vivir la vida. Por su ignorancia, no conocen el valor de las relaciones humanas; por su inmadurez, no saben cómo relacionarse con otros. Por su ignorancia, no saben lo que es la tentación; por su inmadurez, no saben cómo resistirla. Por su ignorancia, no saben lo que son las emociones humanas; por su inmadurez, no saben cómo manejar dichas emociones. En cuanto a estos aspectos, el rol de los padres consiste en aportar lo que ellos desconocen y explicarles cómo manejarse en estos asuntos de la vida.

Ante la presencia de acciones o reacciones de nuestros hijos que manifiesten su ignorancia o su inmadurez, la manera de responder debe ser distinta a aquella que demostramos cuando hemos sido testigos de algo pecaminoso. No es lo mismo que mi hijo derrame un jugo de naranja en la mesa por su descuido infantil a que lo haga con la intención de desafiar mi autoridad. En el primer caso, fue algo fortuito, que no requiere nada más que guardar silencio y limpiar. En el segundo caso, se debe proceder a enfrentar el desafío con firmeza y gracia, llevando a mi hijo a ver su pecado y conduciéndolo a Dios.

Queda claro por lo que acabamos de explicar que la crianza necesita de nuestra pertinencia como padres. En el día a día, las interacciones con nuestros hijos requerirán que seamos lo suficientemente agudos como para responder según la ocasión lo amerite. Por experiencia propia, he visto la forma en que mi proceder impertinente ha producido más daño que bien, aun cuando mis intenciones hayan sido buenas. Como vimos en el testimonio que relaté en párrafos anteriores, un hijo que necesita ayuda y recibe represión es conducido a la irritación producto de la insensibilidad paterna. De la misma manera, un hijo que necesita corrección y no la recibe es estimulado a continuar atrapado en sus patrones pecaminosos. Y así podemos seguir haciendo una lista de cómo una respuesta inapropiada e impertinente de los padres ante las distintas situaciones que enfrentamos al criar conduce a los hijos a un estado de indisposición.

Quisiera hacer una nota breve llena de realismo. En el día a día de la crianza, habrá ocasiones en las que nuestros hijos debieran recibir de nuestra parte represión por su pecado e instrucción por su ignorancia e inmadurez, todo al mismo tiempo. La realidad no es tan ordenada como las ideas que han sido expresadas en los párrafos anteriores. En adición, habrá ocasiones en que no sabremos qué hacer como padres. Me ha sucedido esto, y he enfrentado momentos en nuestra familia en los que he tenido que decirles a mis hijos que voy a pensar en una determinada situación para luego darles mi respuesta. Cualquiera sea el caso o la ocasión, procura siempre dejarte gobernar por el Espíritu de Dios y no por tus impulsos, y trata la situación bajo la consigna de «hablar la verdad en amor» (Efesios 4:15).

El siguiente cuadro nos servirá para permitir precisar y resumir las ideas en cuanto al concepto de pertinencia paterna en la crianza de los hijos.

PERTINENCIA PATERNA

Condición del hijo	Rol de los padres	Necesidad del hijo
Pecado	Pastor	**El Evangelio y la represión bíblica.** Debe enterarse que es un pecador y Cristo es el único salvador y recibir corrección amorosa.
Ignorancia	Maestro	**Información.** De la vida en sentido general y entrenamiento en el desarrollo de su vocación y talentos.
Inmadurez	Entrenador	**Dirección. Destrezas para vivir.** Sabiduría para lidiar consigo mismo, con otros y con las circunstancias de la vida. Destreza social.

Ajustando mi idea de la crianza

La condición en la que nacen nuestros hijos —siendo pecadores, ignorantes e inmaduros— requiere que ajustemos nuestra manera de entender la crianza. Si no hacemos dicho ajuste, será muy difícil crear el ambiente propicio para que nuestros hijos florezcan. En este sentido, he aquí algunas cosas que debes poner en práctica:

1. Abraza la crianza como una labor primordial, como una encomienda divina.

Resulta inconcebible pensar que una crianza negligente con un compromiso débil de parte de los padres pueda dar buenos resultados en vista de la condición de pecado, ignorancia e inmadurez en que nacen nuestros hijos. La complejidad de la tarea demanda que sea una prioridad para nosotros. Y el hecho de que sea prioridad implica que tiene preponderancia sobre otras cosas, de modo que cada familia deberá hacer los ajustes necesarios para que la labor de la crianza tenga el lugar que le corresponde y tratar de que en el transcurso del tiempo no se deslice a un lugar secundario. Tal y como Stephen Covey dijo alguna vez: «Lo más importante en la vida es que lo más importante sea lo más importante».

2. Ajusta tus expectativas.

Debemos anticipar que el pecado, la ignorancia y la inmadurez de nuestros hijos harán su aparición. No deberíamos sorprendernos en lo absoluto. Anticipar estas cosas nos ayudará a responder de una mejor forma, de manera pertinente. Muchos padres, ante una falta cometida por uno de sus hijos, se preguntan: «¿De quién aprendió eso? ¿Dónde lo vio?». Incluso al corregirlos, es frecuente que los padres les reprochen a los hijos que nunca han visto ese ejemplo de parte de ellos. Puede ser, pero el asunto es que el hijo es pecador, con inclinaciones propias hacia aquello que es condenable. Nunca subestimes la capacidad de tu hijo de hacer lo mal hecho. Ante una denuncia de algo que tu hijo hizo mal, no lo defiendas sin primero indagar bien el asunto.

Adicionalmente, el ajuste de nuestras expectativas con relación a la crianza debe considerar que cada etapa de la vida de nuestros hijos tiene su propia combinación de desafíos. La adolescencia es temida por la distancia que tiende a ocurrir entre padres e hijos. Algunos padres se sienten dolidos, extrañados y hasta airados de que su hijo adolescente quiera independencia. No obstante, esto es parte normal del desarrollo de la persona. Incluso se podría afirmar que esa cierta independencia es hasta deseable. No te sorprendas ante estos cambios.

Un ajuste final en nuestras expectativas en cuanto a la crianza es no permitirnos pensar que hacerlo todo bien garantiza el éxito. Quisiera que funcionara así, pero el corazón pecaminoso de nuestros hijos pudiera conducirlos por el camino de la necedad a pesar de que hayamos hecho un buen trabajo. El pastor John MacArthur dice al respecto: «El éxito en la crianza de los hijos se mide por lo que hacen los padres, no por lo que hace el hijo».[4] Si los padres fueron fieles a Dios en su crianza, deben descansar en la soberana voluntad de Dios independientemente de los resultados obtenidos con sus hijos.

3. Entiende la crianza como un proceso a largo plazo.

El trabajo de los padres no dará resultados a corto plazo contra el pecado, contra la ignorancia, ni contra la inmadurez con la que los hijos nacen. Nuestros hijos no son «programables», al igual que lo sería un equipo tecnológico. Ellos son seres humanos complejos y caídos. Esto implica que nuestras

4. John MacArthur, *Cómo ser padres cristianos exitosos*. (Grand Rapids: Editorial Portavoz, 2016), p. 25.

instrucciones tendrán que ser repetidas en múltiples ocasiones antes de que sean obedecidas a cabalidad. Tendremos que insistir en un curso de acción a pesar de no ver cambios en la manera en que nuestros hijos actúan o piensan. La persistencia de nuestros hijos en su mal proceder es «normal» en un corazón caído, ignorante e inmaduro como el que tienen. No nos cansemos.

Hasta cierto punto, el crecimiento emocional y espiritual de nuestros hijos es análogo al crecimiento físico. Así como ellos no crecen diez pulgadas en un corto tiempo, tampoco pueden superar su pecado, ignorancia e inmadurez de la noche a la mañana. Sin duda que habrá algunas cosas que tendrán que cambiar inmediatamente, como por ejemplo golpear a alguien, pero la ira interna que los lleva a golpear requerirá más tiempo para ser vencida. En la crianza, siembra lo que te corresponde y sé paciente en cuanto a los resultados. Querer producir resultados inmediatos pudiera hacer más daño que bien.

4. Discierne lo que se requiere de ti ante cada situación.

Hemos hablado extensamente de esta idea a lo largo de este capítulo y le hemos denominado pertinencia paterna. La crianza requerirá que seamos capaces de identificar lo que se requiere de nosotros en cada oportunidad, ya sea corrección, instrucción, consejo, estímulo, silencio, oración, afecto físico, empatía, reflexión o cualquier otra cosa que los hijos necesiten de nosotros. Cuando los padres proceden de una manera que no es pertinente a la necesidad del momento, podemos producir en nuestros hijos irritación, desconfianza y decepción, entre otras emociones que complican nuestro rol.

5. Dios es la fuente de la buena crianza.

La crianza es una labor profundamente espiritual. En primer lugar, la crianza bíblica requiere de padres comprometidos con Dios, Su Palabra y su caminar como hijos de Dios. Es así que obtendremos la sabiduría para la pertinencia paterna, los consejos, advertencias, reprensiones o estímulos que nuestros hijos necesitan. Si la verdad que insto a mis hijos a obedecer no es vista en mi propia vida, solo produciré en ellos irritación y decepción. Resulta obvio que Dios no bendecirá tal hipocresía y doblez. Mi crianza demanda mi compromiso con el Señor. De ahí que las Escrituras, al instruir a los padres a criar a sus hijos, lo primero que dicen es: «Estas palabras que yo te mando hoy, estarán sobre tu corazón» (Deuteronomio 6:6).

Al mismo tiempo, la mayor necesidad de mis hijos es que entiendan su condición de pecado y vengan a Cristo demostrando arrepentimiento y sumisión. Sin embargo, esa salvación depende de que nuestro Dios abra sus ojos espirituales y les otorgue la fe salvadora. «Porque por gracia ustedes han sido salvados por medio de la fe, y esto no procede de ustedes, sino que es don de Dios» (Efesios 2:8). Es por este motivo que los padres deben orar de manera incesante por sus hijos, para que Dios tenga misericordia de ellos y los atraiga hacia sí mismo. Como señala la Palabra: «Nadie puede venir a Mí si no lo trae el Padre que me envió, y Yo lo resucitaré en el día final» (Juan 6:44).

Quiera el Señor que el peso de la responsabilidad que tenemos como padres, nos estimule a procurar vidas espirituales más profundas, llenas de más estudio de la Palabra, más meditación, más oración y una mayor dependencia de nuestro Señor en esta sublime labor de criar. Tal y como dice Jesús: «Permanezcan en Mí, y Yo en ustedes. Como el sarmiento no puede dar fruto por sí mismo si no permanece en la vid, así tampoco ustedes si no permanecen en Mí. Yo soy la vid, ustedes los sarmientos; el que permanece en Mí y Yo en él, ese da mucho fruto, porque separados de Mí nada pueden hacer» (Juan 15:4-5).

Evaluemos nuestra crianza

1. A la luz de lo presentado en este capítulo, ¿has podido detectar ocasiones en las que has sido impertinente en el proceder con tus hijos?
2. ¿Crees que dichas impertinencias de tu parte han herido a tus hijos al punto que los han indispuesto contra ti?
3. De ser así, ¿por qué no pedirles perdón?
4. En las ocasiones en que tus hijos no responden como quisieras o tan rápido como deseas, ¿cuál es tu reacción habitual? ¿frustración? ¿ira? ¿decepción? Y entonces, ¿te descargas contra ellos?
   - O, por el contrario, ¿tu respuesta es paciencia y sigues confiado haciendo tu labor de criar?
   - ¿Si Dios respondiera a tus pecados y desvíos de la misma forma en que lo haces hacia los pecados y desvíos de tus hijos, qué hubiera sido de ti?

CAPÍTULO 7

¡Padres, no lo hagan!

L a fertilidad del suelo es la capacidad que tiene el terreno para sustentar el crecimiento de las plantas y optimizar el rendimiento de los cultivos.[1] De hecho, el suelo debe tener unas condiciones mínimas para que se pueda cultivar en él.[2] En otras palabras, aunque la semilla sembrada sea de primerísima calidad, requiere de un terreno fértil que la asimile, pues de lo contrario no habrá fruto.

La labor agrícola es análoga a la crianza de los hijos. Como el agricultor, los padres siembran en el terreno de la mente y el corazón de sus hijos las verdades, principios y experiencias que con el tiempo darán fruto en sus vidas. Tal y como sucede con la agricultura, es obvio que se requiere de una buena semilla, pero también resulta indispensable un buen terreno, uno que haya sido preparado para recibir la semilla que se sembrará. Eso es lo que según entiendo Pablo está tratando de comunicar en Efesios 6:4 cuando les ordena a los padres que «no provoquen a ira a sus hijos». Unos hijos irritados son unos hijos indispuestos a recibir la «siembra» de los padres, lo cual sería equivalente a que un agricultor quisiera sembrar en un terreno

1. https://www.iaea.org/es/temas/mejora-de-la-fertilidad-del-suelo.
2. https://aefa-agronutrientes.org/fertilidad-del-suelo.

malo. O peor aún, esto equivaldría a que un agricultor dañe, afecte o deteriore de manera intencional el terreno en el que plantaría su semilla.

Es importante notar el contexto en el que se encuentra el mandato de no provocar a ira a los hijos. A partir de Efesios 5:22, Pablo inicia una sección en la que aborda las distintas relaciones de subordinación del creyente. Él está consciente de que en toda relación de subordinación hay cierta tensión y entiende necesario establecer normas para la dinámica de dichas relaciones. Obviamente, dicha tensión es producto del pecado en el corazón humano. Por una parte, el subordinado estará tentado a rebelarse y desobedecer. Por otra parte, la persona en autoridad estará tentada a abusar de su autoridad. De ahí que Pablo dispone que ambas partes tengan un deber hacia la otra, y en todos los casos le da un mandato al subordinado y uno al que es superior. La sección inicia con la relación entre los esposos. En el capítulo 5 del libro de Efesios se les ordena a las casadas que «estén sometidas a sus propios maridos como al Señor» (v. 22), y a los esposos que «amen a sus mujeres, así como Cristo amó a la iglesia y se dio Él mismo por ella» (v. 25). Luego, en el capítulo 6, se refiere a la relación entre hijos y padres, mandándoles a los hijos que «obedezcan a sus padres en el Señor, porque esto es justo» (v. 1), y a los padres que «no provoquen a ira a sus hijos» (v. 4). Por último, se aborda la relación laboral, y en Efesios 6:5 se les dice a los siervos que «obedezcan a sus amos en la tierra, con temor y temblor, con la sinceridad de su corazón, como a Cristo», y a los amos que «hagan lo mismo con sus siervos, y dejen las amenazas, sabiendo que el Señor de ellos y de ustedes está en los cielos».

Las razones por las que Pablo regula de tal forma estas relaciones de subordinación son varias. En primer lugar, por la dignidad de las partes. Mujer u hombre, hijos o padres, siervos o amos, son todos hechos a imagen de Dios y por tanto merecen un trato que se corresponda con esa realidad, pues «para Él no hay acepción de persona» (Efesios 6:9). En segundo lugar, por el buen funcionamiento de estas relaciones. A menos que cada parte cumpla con el deber que le corresponde, le será de tropiezo a la otra. Un esposo áspero boicotea la sujeción de su esposa, los padres que irritan a sus hijos los indisponen para obedecer, los amos desconsiderados desmotivan a sus siervos a cumplir con sus deberes. A su vez, si la parte subordinada no hace como corresponde, tienta a la parte superior a ejercer su autoridad de manera inapropiada.

Si vemos con detenimiento Efesios 6:4, notaremos que tiene dos imperativos o mandatos para los padres. Por un lado, el mandato negativo, lo que los padres no deben hacer, que es no provocar a ira a sus hijos. Por otro lado, el mandato positivo, lo que los padres deben hacer, que es criar a sus hijos en la disciplina e instrucción del Señor. Como ya hemos dicho, en este breve pero significativo versículo Pablo resume la labor de criar a los hijos, aunque nuestro interés en este capítulo será el mandato negativo de la crianza.

El orden de los imperativos a los padres no es casual. La provocación a la ira de los hijos debe ser evitada *primero* si se quiere tener buen fruto en la crianza. De ahí que, en cierto sentido, la crianza y la agricultura son labores que se parecen. De la misma manera que los padres, el agricultor debe preparar el terreno previo a su siembra, de lo contrario se dilapidaría la semilla en un terreno que no es capaz de hacerla producir. Lamentablemente, la ira albergada en la mente y el corazón de nuestros hijos se convierte en una especie de «maleza» que ahoga nuestro trabajo como padres.

Para entender la fuerza de esta instrucción a los padres sería conveniente entender el contexto cultural en que fue escrita.

En los tiempos de Pablo, la cultura dominante era la grecorromana, y lo usual era que los padres ejercieran una autoridad rígida e insensible hacia sus hijos. La ley de la «patria potestad», vigente en dicha época, le otorgaba al padre unos poderes sobre su familia que eran absolutos, y prácticamente todas las áreas de la vida de los hijos quedaban bajo el gobierno del padre. Un triste ejemplo de esta realidad era que al momento de nacer, los niños eran colocados a los pies de su padre y si él los tomaba, entonces eran recibidos en el hogar, de lo contrario, su destino sería la muerte, la esclavitud.[3] Los padres disponían incluso los matrimonios y hasta el divorcio de sus hijos, y en ocasiones ante una molestia o frustración paterna, los hijos eran vendidos como esclavos por sus propios progenitores. Obviamente, muchos padres no actuaban de manera tan monstruosa, pero la ley así lo permitía.

En ese contexto, el mandato de no provocar a ira a los hijos resultaba culturalmente revolucionario y familiarmente transformador. Bajo el evangelio, la autoridad de los padres quedaba hasta cierto punto regulada por los sentimientos de sus hijos. A los padres se les ordena ser sensibles a la forma en que sus hijos se sentían. Si bien Pablo reconoce la autoridad de los padres, ellos deben hacer su labor de una manera benevolente y considerada, evitando los abusos típicos y previniendo de esta forma la irritación e indisposición de sus hijos.

La palabra «provocar» en su original griego[4] significa incitar a la ira, hacer enfurecer, causar irritación, y eso es lo que los padres debemos evitar. Ahora bien, habrá ocasiones en las que nuestros hijos se irritarán con nosotros sin que haya una razón sensata para ello. Producto de su inmadurez o el pecado de sus

---

3. Warren W. Wiersbe, *The Bible Exposition Commentary,* vol. 2. (Wheaton, IL: Victor Books, 1996). [Bosquejos expositivos de la Biblia, Vol. 2 (Nashville: Grupo Nelson, 2011)].
4. *Parorgizo* (griego). *Diccionario expositivo de palabras del Antiguo y Nuevo Testamento Exhaustivo de Vine* (Nashville: Grupo Nelson, 2007). p. 719.

corazones, habrá demandas y expectativas de su parte que no podremos satisfacer. De hecho, una buena crianza implicará justamente discernir qué concederles a nuestros hijos, y en muchas ocasiones tendremos que decir «no».

Padres intimidados

Algunos padres malentienden el mandato de no provocar a ira a los hijos y piensan que deben evitar a toda costa cualquier molestia o irritación que sus hijos experimenten. Son padres que se sienten intimidados por no contar en todo momento con la aprobación de sus hijos y se angustian por ello. Al hacer esto, estos padres abdican en su labor de formar a sus hijos. En 1 Samuel leemos una historia triste y vergonzosa acerca de los hijos del sacerdote Elí, que precisamente fue un padre que se dejó intimidar por sus hijos.

En el pasaje de 1 Samuel 2:12-17 se nos dice que los hijos de Elí eran hombres indignos, que no conocían al Señor ni eran responsables en sus tareas como sacerdotes, además de que se beneficiaban personalmente de la ofrenda de los israelitas. Como si eso fuera poco, también se afirma que ellos se acostaban con las mujeres que servían en el tabernáculo (1 Samuel 2:22). Ante la inmoralidad pública de sus hijos, Elí los cuestionó y les preguntó por qué hacían estas cosas, expresando su desagrado al decirles: «No, hijos míos; porque no es bueno el informe que oigo circular por el pueblo del Señor» (1 Samuel 2:24). Sin embargo, a pesar del cuestionamiento de su padre, ellos no le hicieron caso y como juicio de Dios terminaron muriendo ambos el mismo día (1 Samuel 4:11).

Llama la atención lo débil del llamado de atención de Elí a sus hijos en vista de la gravedad de sus pecados. El momento ameritaba a un padre firme contra las graves faltas de sus hijos. Las acciones aberrantes de estos jóvenes demandaban una acción contraria decidida de parte de Elí, pero es muy probable que el proceder poco decidido y cómplice de este padre haya estado presente a lo largo de toda la vida de sus hijos. En estas condiciones, no sorprende que ellos se corrompieran de manera tan lamentable.

De hecho, ante la tímida respuesta de Elí, Dios interviene en la situación y envía a «un hombre de Dios» (1 Samuel 2:27) a ver al sacerdote, el cual le anuncia que Dios va a juzgar a su familia y lo acusa de haber honrado a sus hijos más que a Él (1 Samuel 2:29). La razón del juicio fue que sus hijos trajeron sobre sí una maldición y Elí no los reprendió (1 Samuel 3:13b). La expresión «no los reprendió» se traduce en la Versión Reina Valera 1960 como «no los ha estorbado». Por su parte, la Nueva Traducción Viviente lo traduce como «no los ha disciplinado». El veredicto de Dios es que Elí no hizo con sus hijos lo que le tocaba hacer. Les permitió su pecado, y como ya dijimos, no solo el pecado de su adultez, sino aquel que durante todas sus vidas quedó impune y culminó con el juicio de Dios sobre esta familia.

Creo que una de las razones por las que Elí actuó de manera tímida y débil con sus hijos fue que se dejó intimidar. Tuvo miedo de enfrentarlos, por lo que el pecado en el corazón de sus hijos se desarrolló sin resistencia. Sin duda que otras cosas pudieron haber pasado. Quizás Elí estaba muy ocupado con sus tareas sacerdotales, quizás era paternalmente perezoso o quizás creía en la «crianza positiva», en la que los padres no deben oponerse a sus hijos casi en ningún caso. Sin importar cuál sea el caso, su actuación es la que típicamente muestran los padres que tienen miedo de actuar con sus hijos de maneras que les molesten. Notemos que lo reprensible en el caso de Elí fue que no estorbó a sus hijos. Resulta edificante citar la observación que hace el Comentario Bíblico Expositivo sobre no provocar a ira a los hijos:

> En algunos hogares, el peligro se encuentra en el extremo opuesto al del exceso de rigor. Los niños son idolatrados. No solo su comodidad y bienestar, sino que también sus sentimientos y caprichos se convierten en la ley de la casa. Son alimentados ciertamente, pero no en la disciplina y la amonestación del Señor. Es una crueldad tratar a nuestros hijos de manera que sean ajenos a la dificultad y la restricción, de modo que no sepan lo que significa la verdadera obediencia y no tengan reverencia por la edad, ni hábitos de deferencia y dominio propio. Esta es la forma de engendrar monstruos del egoísmo, criaturas mimadas que serán inútiles y miserables en la vida adulta.[5]

Este es un tipo de padres que están incluso dispuestos a ser flexibles con su estándar moral si es que eso implica una mayor aceptación de parte de los hijos. Recientemente, se produjo en nuestra ciudad una algarabía colectiva producto de la presentación de un popular cantante. La fama de este artista es mejor explicada, no tanto por su talento como cantante, sino por su desfachatez y la depravación de los contenidos de su música. Muchos padres, no solo les compraron los boletos a sus hijos, sino que los acompañaron a pesar de que confesaron que les preocupaba el contenido inmoral del espectáculo. No obstante, la admisión de muchos fue que no supieron decir «no».

Está claro que el mandato de Pablo de no provocar a ira a los hijos no puede significar que debemos evitar toda molestia

5. ExpositoryBibleCommentary,https://www.studylight.org/commentaries/eng/teb/ephesians-6.html.

o incomodidad de nuestros hijos a cualquier precio. Por el contrario, procurar eso implicará que en ocasiones seremos incluso cómplices de sus desvíos pecaminosos. Más bien, Pablo quiere que los padres sean sensibles a sus hijos y conscientes de que su proceder tiene un impacto en la disposición del hijo a aceptar la labor de crianza, por lo tanto, deben evitar todo aquello que, producto de su pecado, pudiera incitar a los hijos a la ira.

Padres desobedientes

Aun así, hay padres que desobedecen el mandato que se nos da de que no provoquemos a ira a nuestros hijos. Algunos lo desobedecen porque son insensibles hacia sus hijos, no les interesa tanto como el hijo se sienta, sino más bien que cumpla con lo que debe hacer. Estos padres persiguen resultados, ya sean académicos, deportivos, sociales o profesionales. Sus exigencias no tienen en cuenta las capacidades de los hijos y muchas veces responden a sus propias aspiraciones. Cualquier actitud tosca, áspera o excesivamente demandante de parte de los padres es justificada por el hecho de que se hace por el «bien» de los hijos.

Otros padres, no conscientes de la gravedad de su pecado personal y de la profundidad de sus disfunciones, desobedecen el mandato de no provocar a los hijos a la ira. En sus interacciones cotidianas, estos padres se conducen con sus hijos dando muestras de egoísmo, falta de dominio propio, orgullo, queja, idolatrías diversas y temores, entre otros males. Ante tales situaciones, los hijos sufren estos pecados y disfunciones, sin poder evitar resentirse contra sus padres. En ocasiones, estos padres admiten haber actuado de manera pecaminosamente irritante con sus hijos, pero con frecuencia no emprenden un camino decidido de arrepentimiento y restauración, tanto de sus almas como de las de sus hijos.

¡Qué importante es que el padre siempre tenga «su oído atento al sentir de sus hijos»! El mandato de no provocar a ira no solo implica no agredir emocional o físicamente a los hijos, sino que es una exhortación a que los padres seamos emocionalmente sensibles a nuestros hijos. La forma como ellos se sienten con respecto a lo que estamos haciendo como padres debe ser considerada como una prioridad para nosotros. Los padres están llamados a ser emocionalmente sabios para lidiar con sus hijos, incluso considerando que cada hijo tiene una forma única de ser y reaccionar.

Se cuenta que el padre de Martín Lutero era estricto hasta el punto de la crueldad. Incluso, fue tan severo y cruel con su hijo que Lutero testificó que siempre le resultó difícil orar y decir: «Padre nuestro». Para él, la palabra *padre* estaba asociada a nada más que severidad. Por esto, Lutero solía decir: «Evita la vara y echarás a perder al niño, eso es verdad; pero al lado de la vara guarda una manzana para dársela cuando haya hecho bien».

Entendiendo el peligro de la plaga de la ira

Las plagas pueden ser animales, plantas o microorganismos que tienen un efecto negativo sobre la producción de los cultivos.[6] Todo cultivo tiene sus plagas particulares. De manera análoga, la ira de los hijos que es producto del proceder pecaminoso de sus padres debería ser considerada una «plaga» en vista de sus devastadores efectos sobre la crianza. Hay una serie

6. https://agrospray.com.ar/blog/plagas-de-cultivos-agricolas/.

de consideraciones que hacen de la ira una plaga en extremo peligrosa.

Lo primero es que en una relación de subordinación, como lo es la de padres e hijos, la parte subordinada tiende a sentirse impotente y asfixiada ante los desatinos y faltas de su superior. El hijo se siente en una posición de clara desventaja frente a sus padres y no tiene a dónde ir, ni a quién «reclamarle». Esta situación es doblemente dolorosa si consideramos que la expectativa del hijo es que recibirá de sus padres amor, comprensión y un trato justo, de modo que al no recibirlo, experimenta un sentimiento de haber sido decepcionado o traicionado. Resulta lacerante recibir el desdén o el desprecio de los que están supuestos a amarnos.

En segundo lugar, cuando el trato de los padres que incita a la ira se produce en las primeras etapas de la vida de los hijos, ellos no son capaces de articular su descontento y frustración. Sin embargo, aunque no lo puedan articular, sufren y lo demuestran de alguna manera, en ocasiones con malas calificaciones, violencia, comportamientos arriesgados, desafíos a los padres y tristeza, entre otras manifestaciones. Cuando estas cosas se presentan, lo usual es que los padres no lo asocien con algo que ellos están haciendo mal, sino que piensen que el problema está en el hijo, el cual necesita corrección, represión y ayuda de alguna manera. El dilema consiste en que estos «remedios» no resuelvan la condición de los padres, quienes han sido en parte los causantes de estos males. De esta manera, el malestar del hijo tiende a perpetuarse y crecer en el tiempo mientras sus padres quedan «impunes».

Finalmente, el hijo crece y llega a la adolescencia; ya se puede comunicar mejor, pero el tiempo durante el cual sufrió los pecados de sus padres sobre sí lo han «encallado» emocionalmente. En su relativa independencia, el hijo se muestra desafiante hacia sus padres, quienes a su vez se sienten desconcertados porque no entienden que pasó. Los padres ahora están preocupados, pues ya no pueden someter al hijo como lo hacían antes. Ellos se dicen a sí mismos: «Se lo dimos todo y así nos paga», o culpan a la desacreditada adolescencia de la desconexión, la irreverencia y el desafío de sus hijos. La explicación a todo este triste escenario es que la plaga de la ira afectó profundamente el terreno donde se sembró la crianza.

Pablo conocía lo que una persona es capaz de hacer cuando alberga ira y amargura en su corazón y se deja gobernar por ellas. De ahí su mandato a los padres de no ser los provocadores de tal condición. Una persona airada no obra según la justicia o la rectitud de Dios (Santiago 1:20). Esto coincide con Proverbios 29:22, el cual indica que «el hombre violento abunda en transgresiones». Es por esto que el hijo airado es también un hijo que se inclina al pecado y la perversión, siendo la rebelión contra sus padres una de sus características más comunes.

Más aún, se nos dice que la ira y el enojo hacen actuar a la persona con crueldad (Proverbios 27:4). Una persona cruel es aquella que se deleita en hacer sufrir o se complace en los padecimientos ajenos.[7] En este sentido, los hijos airados manifiestan intenciones de hacer sentir mal a la otra persona, bromear sarcásticamente, burlarse de otros y hacer sufrir a sus padres por medio de su dureza de palabra, sus faltas de respuestas, su poca cooperación, sus aislamientos, su participación en aquello que es reprochable para los padres, su abstención a la comida, su descuido personal o su indisciplina académica. En los más pequeños pueden verse inclinaciones a la violencia con otros niños y los animales, un desafío a las instrucciones de los padres y gritos descontrolados, entre otras conductas.

---

7. Diccionario de la lengua española (Real Academia Española).

Además de la crueldad que promueve, la ira lleva a la persona a provocar rencillas y pleitos (Proverbios 15:18; 29:22). De esta manera, el hijo airado es conflictivo, quejumbroso y argumentativo. Tiende a victimizarse y a culpar a los demás —especialmente a sus padres— de sus males e infortunios. De esta forma, la relación con sus padres es distante y solo comparte lo estrictamente necesario.

Salmos 73 ofrece una detallada y sorprendente descripción del proceder de una persona cuyo corazón está amargado e irritado. Es importante mencionar que el contexto de este salmo es la ocasión en que Asaf, su autor, sentía envidia por los impíos que prosperaban. Por este motivo, el salmista se irritó y se amargó, actuando torpemente al juzgar esta situación. Su reflexión es de utilidad para todos los que por cualquier razón nos irritamos y albergamos ideas insensatas producto de dicho furor.

Cuando mi corazón se llenó de amargura, y en mi interior sentía punzadas, entonces era yo torpe y sin entendimiento; era como una bestia delante de Ti (Salmos 73:21-22).

Una paráfrasis de lo que estos versículos comunican sería: «Cuando la amargura entra por la puerta frontal del corazón humano, la sabiduría sale por la puerta de atrás». El irritado se vuelve torpe, tan torpe como un animal. Son palabras duras, pero quizás sirvan para despertarnos como padres y que reconozcamos la importancia de ser sensibles al sentir de nuestros hijos. Esa es la condición a la que los conducimos cuando con nuestro proceder pecaminoso hacia ellos «abonamos la plaga de la ira».

No abonemos la ira en nuestros hijos

No evitar aquello que provoca la ira de nuestros hijos equivaldría a la torpe decisión de un agricultor de abonar la plaga que destruye sus cultivos, pero lastimosamente eso es justo lo que algunos padres hacen de distintas formas. Aunque hacer una lista de todo lo que pudiera incitar la ira en nuestros hijos sería una tarea difícil de concluir, entiendo que hay cuatro categorías en las que podemos agrupar prácticamente toda actuación paterna que pudiera producir ira en los hijos.

Una primera categoría en cuanto a la forma de actuar de los padres que incita ira en sus hijos es su *indiferencia*. Tiene lugar cuando el hijo percibe que no es importante para sus padres, y hay muchas formas en las que se puede producir esta percepción de parte de los hijos. El problema es que cuando ocurre, los hijos no se sienten apreciados ni valorados, sino poco estimados.

Una manera en la que los padres comunican indiferencia a sus hijos es cuando predomina un ambiente más crítico que alentador. Son padres que están muy pendientes de lo que el hijo hace mal y lo señalan, pero cuando el hijo es digno del aplauso paterno, no lo recibe. Lo que el hijo «lee» en esta actitud es que los padres no están tan interesados en él como persona —pues de lo contrario habrían celebrado su logro— sino en mantener una buena imagen, de ahí su crítica constante.

La indiferencia también puede ser sentida por nuestros hijos cuando no pasamos tiempo significativo con ellos o si en el tiempo que estamos juntos no hacemos un esfuerzo para conectarnos emocionalmente. Una persona dedica tiempo y esmero a aquello que considera importante. En este sentido, si el tiempo que pasamos con nuestros hijos es generalmente escaso y/o distante, ellos tienden a interpretarlo como si no los valoráramos, y cuando alguien no se siente valorado tampoco le pone atención a quien lo «desprecia». Tal y como dijera el vigésimo quinto presidente estadounidense, Teodoro Roosevelt: «A la gente no le importa tanto lo que tú sabes hasta que no sepan cuánto ellos te importan».

En este punto, debo referirme al efecto de la tecnología en la dinámica familiar. Los niños comienzan a usar pantallas desde las etapas tempranas de su vida. Los padres acuden a ellas ya sea para calmar a sus hijos, a veces para entretenerlos, o en el mejor de los casos para educarlos. Incluso los padres mismos disponen de pantallas para su propia gestión y su entretenimiento. Por lo tanto, la triste realidad es que en muchos casos los niños pasan más horas conectados a dichas pantallas que relacionándose con sus padres.

Entrar en detalles sobre los efectos específicos de las pantallas en el hogar trasciende el propósito de este libro, pero es necesario advertir la necesidad que tenemos los padres de educarnos al respecto para poder responder apropiadamente al desafío que esto supone en nuestra crianza. Solo para mencionar algunos de dichos efectos, el uso excesivo de las pantallas tiene un impacto negativo en el desarrollo neurológico de los niños y adolescentes. Además, la exposición a las mismas reduce el tiempo de actividad física, afectando con ello la salud en sentido general. También tiende a haber un detrimento académico en los hogares con mayor uso de pantallas, ya que ellas disminuyen los niveles de concentración en los deberes escolares.

Como si todo eso fuera poco, las pantallas exponen a nuestros hijos a contenidos inmorales, violentos y superficiales, atizando en ellos apetitos pecaminosos que dificultan aún más la crianza. Incluso los videojuegos están plagados de violencia y temas que son contrarios a la dirección que deberíamos darles. Sin duda, en lo que respecta a este tema tiene especial relevancia el mandato de que no nos adaptemos a este mundo (Romanos 12:2).

Por último, resulta de especial preocupación el efecto que las pantallas tienen en la conexión entre los padres y los hijos. Aunque la familia se encuentre en el mismo espacio físico, cuando se atienden las pantallas la interacción personal se degrada.

De hecho, en un estudio realizado en el año 2016 en los Estados Unidos,[8] se reportó que los niños entre cuatro y doce años pasan un promedio de 4,8 horas diarias usando algún aparato electrónico, mientras que los adolescentes entre trece y diecisiete años pasan unas 5,3 horas diarias en promedio.

A la hora de almorzar o cenar, en los casos de las familias que lo hacen juntas, un 46 % de los miembros de la familia llevan consigo siempre o con frecuencia sus teléfonos móviles durante ese momento. A su vez, un 45 % de los padres atienden llamadas y responden mensajes de texto durante el tiempo en que la familia se reúne para comer. Por su parte, los hijos hacen los mismo en un 27 %. Si queremos conectarnos emocionalmente con nuestros hijos y mostrarles que los valoramos, hagamos a un lado las pantallas, pongámosle atención, mostremos nuestro mayor empeño en esos momentos en que los tenemos con nosotros.

Sin embargo, también hay muchas otras formas en las que los padres pudieran manifestar indiferencia hacia sus hijos. Con sus gestos de agobio cuando sus hijos acuden a ellos con un problema, sus actitudes de frecuente irritación, el incumplimiento de sus promesas y la falta de participación en aquello que es importante para los hijos. Además, también demuestran indiferencia cuando los padres no piden perdón al cometer

---

8. Los resultados de este estudio han sido reportados en el libro de Andy Crouch, *Familias tecnológicamente sabias* (Grand Rapids: Baker Books, 2017).

una falta frente a los hijos o con ellos. Parecería que no les importa lo que los hijos piensen o que consideran que no tienen que dar explicaciones a alguien que está «por debajo de ellos». Otras veces los hijos son avergonzados por sus padres con correcciones públicas y comparaciones.

Una segunda categoría en el trato de los padres con los hijos que produce ira en ellos es la *injusticia en el trato*. Al igual que la indiferencia, las formas en las que el trato injusto hacia los hijos se hace presente en el hogar son múltiples, siendo una de las más comunes el manejo inadecuado y poco sabio de la corrección de los hijos. En ocasiones, los padres son desproporcionados en sus correcciones. El principio de «ojo por ojo y diente por diente» (Éxodo 21:24; Levítico 24:20; Deuteronomio 19:21), tenía el propósito de regular el castigo impuesto a alguien según la falta cometida. Sería injusto que alguien «pague un ojo» cuando su falta «afectó un diente». Los padres deben ser muy sabios para imponer consecuencias que se adecúen a las faltas de sus hijos, de lo contrario, «el remedio puede ser peor que la enfermedad».

Del mismo modo, una corrección sin que haya habido instrucción previa también genera una percepción en nuestros hijos de que los hemos tratado de manera injusta. A veces los padres pensamos que hay cosas que «obviamente» los hijos no deben hacer, pero nunca les hemos instruido al respecto. Procuremos informar, advertir y formar antes de imponer consecuencias. La corrección puede ser injusta también cuando, en un conflicto con los hijos o entre ellos, «dictamos sentencia» sin haber escuchado a todas las partes. En otras ocasiones, la injusticia está en que corregimos a nuestros hijos cuando lo que necesitan es ayuda o información de nuestra parte, a esto le llamamos en el capítulo anterior *pertinencia paterna*. Asimismo, somos injustos cuando nos desquitamos con nuestros hijos nuestra frustración y nuestro descontento personal. Procura no arrojar los desechos de tu pecado.

Una de las mayores injusticias que los padres pueden cometer en el trato con sus hijos es mostrar favoritismo. La historia de José (Génesis 37–50) nos relata los estragos que esto puede producir en una familia. Se nos dice que Jacob «amaba a José más que a todos sus hijos» (Génesis 37:3). Esto incitó la ira de sus doce hermanos, al punto de que ellos «lo odiaban y no podían hablarle amistosamente» (Génesis 37:4). Debido a esta ira, incitada por el favoritismo injusto de su padre, los hermanos dijeron: «Vengan, matémoslo y arrojémoslo a uno de los pozos; y diremos: "Una fiera lo devoró"» (Génesis 37:20). Sin embargo, uno de ellos sintió miedo y propuso otro plan, el cual consistía en venderlo a los ismaelitas (Génesis 37:27). Luego de hacer esto, con la crueldad que caracteriza a la persona airada, le dijeron a su padre que José había muerto por el ataque de un animal (Génesis 37:32-33).

Una tercera categoría de actuación de los padres hacia los hijos que les provoca ira es la *irracionalidad en la dirección*. Esto se da en hogares en los que predomina la arbitrariedad en la forma en que se interactúa con los hijos. Los criterios para la conducción del hogar son más emocionales, producto del impulso del momento. En lugar de usar la verdad bíblica para persuadir a los hijos en cierta dirección, los padres dirigen el hogar con órdenes y reglas que no necesariamente tienen una lógica detrás. Las cosas se hacen porque «los padres lo dicen y punto». En vista de que la lógica de la casa no convence, los padres pierden la credibilidad y la confianza de sus hijos. En esas condiciones, los hijos se irritan porque no creen en aquellos que los dirigen.

Quiero hacer un paréntesis en este aspecto de la irracionalidad y hacer una aclaración en particular en cuanto a la postura de los padres con el crecimiento y el desarrollo de sus hijos. En este sentido, en la medida en que nuestros hijos crecen, la forma en que interactuamos con ellos debe cambiar; eso sería lo racional y lógico, pero lamentablemente muchas veces no ocurre. Aunque los padres hayan hecho una buena labor en las etapas tempranas de la vida de sus hijos, muchas de las herramientas empleadas hasta ese momento en la crianza dejarán de funcionar. Estar conscientes de esto es particularmente importante para la adolescencia.

Se dice que nuestro Señor Jesús «crecía en sabiduría, en estatura y en gracia para con Dios y los hombres» (Lucas 2:52). Esto describe el desarrollo integral de Jesús, y se supone que lo mismo debe ocurrir con nuestros hijos. Ellos deben crecer en sabiduría, físicamente, en su relación con Dios y socialmente. En la medida en que esto se produce, los padres deben proveer aquellos contenidos y formas que permitan que los hijos crezcan en todos los sentidos. Sería irracional de parte de los padres y produciría ira en los hijos que no se aceptara dicho proceso. Por ejemplo, en la medida en que los hijos crecen, las reglas deben adecuarse a su nivel de madurez, las correcciones deben implicar más la conversación persuasiva, los padres deben estar dispuestos a escuchar sin ofenderse y a ofrecer más explicación sobre la razón de sus decisiones.

Por último, la cuarta categoría de actuación paterna que incitaría a los hijos a la ira sería la *incoherencia* en las vidas de los padres. Me refiero a cuando los padres demandan de sus hijos lo que ellos no practican. El típico ejemplo es cuando, con una actitud airada y a todo pulmón, uno de los padres le reclama a su hijo: «No me levantes la voz». Él está haciendo justo lo que pretende corregir. Por lo tanto, la hipocresía se adueña del momento y el hijo es incitado, con justa razón, a la ira.

Hay padres que quieren y hasta exigen que sus hijos tengan una profundidad en sus vidas espirituales que ellos no tienen, que cumplan con sus deberes con más precisión de la que ellos muestran al cumplir con los suyos, que actúen con un control emocional que ellos no exhiben. Hay que decirlo, esto simplemente no funciona. Esta es la razón por la que cuando el Señor les ordena a los israelitas que instruyan a sus hijos en la Ley de Dios, lo primero que les dice es: «Estas palabras que yo te mando hoy, estarán sobre tu corazón» (Deuteronomio 6:6). Si lo que queremos de nuestros hijos no es una realidad en nuestras vidas, somos unos hipócritas y no inspiraremos en ellos respeto y obediencia, por el contrario, la ira será «abonada». La realidad es que la palabra y la instrucción que no son respaldadas con el ejemplo son desechadas. Bien lo dijo el pastor y médico Martyn Loyd-Jones:

> Debe haber coherencia, no solo en la reacción, sino también en la conducta y el comportamiento de los padres; debe haber un patrón en la vida de los padres, porque el niño siempre está observando y observando. Pero si observa que el padre es errático y él mismo hace exactamente lo que le prohíbe hacer al niño, nuevamente no se puede esperar que el niño se beneficie de cualquier disciplina administrada por tal padre.[9]

Hemos visto cuatro categorías en las que podemos agrupar las formas de actuar que «abonan» la ira de nuestros hijos. Son como avenidas que conducen a una familia al dolor y la fractura. Sin embargo, debemos decir que no hay padres perfectos. Hay hogares en los que predomina una de las categorías

9. David Martyn Lloyd-Jones, *Vida en el Espíritu en el matrimonio, el hogar y el trabajo: una exposición de Efesios 5:18–6:9* (Ciudad Real, España: Editorial Peregrino, 2015).

mencionadas y hay otros en las que están presentes varias de ellas o todas. Lo cierto es que, tristemente, todos en mayor o menor grado incitamos la ira en nuestros hijos con nuestras formas pecaminosas, de modo que ante esa realidad nos corresponde examinarnos e identificar nuestro pecado, arrepentirnos, y pedir perdón por ello a Dios primero y luego a nuestros hijos. Quiera Dios sanar y restaurar lo que el pecado destruyó. Concluyo con la oración del salmista:

> Escudríñame, oh Dios, y conoce mi corazón; pruébame y conoce mis inquietudes. Y ve si hay en mí camino malo, y guíame en el camino eterno (Salmos 139:23-24).

Evaluemos nuestra crianza

A. No hay padres perfectos. Todos de una u otra manera hemos actuado en mayor o menor medida de formas que han hecho que nuestros hijos se irriten justamente contra nosotros.

B. El propósito de las siguientes preguntas es que puedas identificar la «maleza» de la ira en el corazón de tus hijos.

1. Podrían tus hijos decir que han recibido de tu parte un trato indiferente o descuidado o indispuesto? ¿Eres intencional en pasar tiempo con ellos? ¿Le prestas atención a sus cosas, aunque sean cosas de niños o jóvenes? ¿Ante el conflicto, eres receptivo a las posturas que ellos tienen?

2. ¿Podrían tus hijos acusarte de injusto en tu trato hacia ellos? ¿Han percibido tus hijos un trato favoritista a alguno de ellos? ¿O has sido desproporcionado al reprender y corregir, es decir, has puesto sanciones que van más allá de lo que la falta a corregir implicaba? ¿o los

has sancionado cuando lo que ellos necesitaban era ayuda de tu parte? ¿Los has avergonzado en público?

3. Te consideras racional en la forma en que conduces a tus hijos? Es decir, ¿pueden sentirse seguros de que tus respuestas y reacciones serán sensatas, prudentes, pensadas?

4. ¿O viven ellos con cierto grado de temor hacia ti? ¿Has pensado que una de las razones por las que tus hijos no te cuentan «sus cosas», es porque temen tu reacción?

5. ¿Crees que tus hijos te consideran una persona coherente, porque lo que dices y demandas se corresponde con lo que vives? ¿O te podrían ellos acusar de hipocresía?

C. A la luz de las preguntas anteriores, debe haber algo que implique pedir perdón a tus hijos y «empezar de nuevo», ¿cierto?

D. Si estas preguntas no te ayudaron a identificar algún área de corrección en el trato hacia tus hijos, ¿Te atreverías a preguntarle a tus hijos si hay algo que ellos quisieran decir sobre la forma en conduces el hogar?

CAPÍTULO 8

¡Padres, manos a la obra!

A lo largo de este libro hemos visto que la tarea de criar a los hijos es análoga a la labor del agricultor. Así como en la agricultura hay un terreno que preparar, en la crianza el corazón de nuestros hijos debe ser cuidadosamente preparado para evitar que crezca la maleza de la ira y el resentimiento contra los padres. A esto se le conoce como el mandato *negativo* de la paternidad, pues es aquello que los padres no deben hacer, y ya hemos hablado extensamente sobre el tema en el capítulo anterior, titulado «¡Padres, no lo hagan!». Solamente si este mandato es llevado a cabo como corresponde, nuestros hijos estarán dispuestos a recibir la semilla que debemos sembrar en ellos de tal manera que den buen fruto. Y la semilla a sembrar es la Palabra de Dios, pues eso es lo que implica la frase «del Señor» que el apóstol Pablo coloca al final del versículo más completo que tiene la Biblia sobre la crianza (Efesios 6:4), cuyas implicaciones han sido expuestas en detalle en el capítulo titulado «El sello distintivo de la crianza cristiana».

Ahora bien, una vez preparado el terreno e identificada la semilla a sembrar, ¿qué es lo próximo que debe hacer el agricultor? Y de forma análoga, en el caso de la crianza, ¿qué es lo próximo que los padres están supuestos a hacer? El apóstol Pablo procede a responder esta pregunta usando dos términos cuidadosamente seleccionados cuando les ordena a los padres

criar a sus hijos «en la disciplina e instrucción del Señor» (Efesios 6:4), lo cual se conoce como el mandato *positivo* de la paternidad. Hasta cierto punto, Dios nos ha simplificado nuestra
labor de padres dejando claro lo que debemos evitar y lo que
debemos procurar. ¡Él es bueno!

Podemos apreciar la extraordinaria sabiduría divina al notar
que la compleja labor de la crianza es abreviada en apenas dos
palabras. Sin embargo, la brevedad de la instrucción no la hace
superficial. Al contrario, esto es un mensaje en sí mismo, en el
sentido de que nos comunica que la labor de la crianza no consiste en ofuscarnos con pequeños detalles, sino con ser fieles a ciertos principios fundamentales de la Palabra de Dios que son los
que eventualmente tendrán un impacto en el carácter de nuestros hijos. Veamos entonces con más detenimiento los términos
que, según Pablo, describen la labor de criar a los hijos.

La disciplina e instrucción del Señor

El término «disciplina» traduce la palabra griega *paideia*. Esta literalmente significa «formación de niños», y en la cultura griega
era un concepto amplio que incluía todo aquello que los padres
o maestros debían hacer para llevar al niño hasta la madurez, incluyendo el castigo cuando el niño se desviara del curso deseado.
Aunque el término tiene un énfasis de rigurosidad, conlleva un
matiz positivo, es decir, se trata de formar al niño en aquello que
debe hacer, de indicarle el camino en el que debe andar. Dicho
matiz lo podemos ver claramente en el uso que Pablo le da al término *paideia* al escribirle a su discípulo Timoteo.

Toda Escritura es inspirada por Dios y útil para enseñar,
para reprender, para corregir, para instruir [*paideia*]

en justicia, a fin de que el hombre de Dios sea perfecto, equipado para toda buena obra (2 Timoteo 3:16-17).

En este texto, Pablo dice que la Palabra de Dios es suficiente para hacernos perfectos y equiparnos para hacer lo que debemos hacer como hijos de Dios. A través de ella somos instruidos (*paideia*) en justicia, en otras palabras, se nos muestra «cómo vivir de la manera que Dios manda».[1] En esencia, en esto consiste el concepto de la «disciplina del Señor» (Efesios 6:4), en entrenar a nuestros hijos para que vivan de la manera que Dios manda. De eso se trata la crianza, lo cual implica que los padres deben conocer la manera de vivir que agrada a Dios y, más aún, ser ellos mismos un ejemplo de esa clase de vida.

Por lo tanto, *paideia* es por definición un plan de formación. Y dicho plan no debe ser gobernado por la conveniencia de los padres ni sus criterios personales, y mucho menos por las preferencias o los caprichos de los hijos, sino por lo que Dios entiende como correcto y evidentemente es lo que hace florecer al ser humano. Debe haber un plan diseñado con sabiduría y que se ejecute con devoción, sin dejar lugar a la improvisación, pues lo que está en juego es la vida misma de nuestros hijos. No obstante, lamentablemente, muchos padres no conciben la crianza en términos de un plan de formación, y otros, aunque la conciban así, no la llevan a cabo con la devoción necesaria. En este sentido, entendemos que a la luz de la Palabra de Dios, dicho plan de formación debe tener al menos cuatro componentes.

El primer componente de dicho plan es el conjunto de prácticas que diseñamos en el hogar con miras a entrenar a nuestros hijos en la vida recta que agrada a Dios, lo cual es necesario debido a la condición de pecado, ignorancia e inmadurez en que

---

1. Palabra de Dios para Todos, Centro Mundial de Traducción de La Biblia, 2008.

nuestros hijos nacen. Se trata de un esquema de reglas, normas y ejercicios de vida que les hacemos practicar a nuestros hijos para que sean moldeados según la Palabra de Dios. De hecho, el concepto de *paideia* implicaba justamente esto, un entrenamiento con un propósito formativo.[2] Esto sería análogo «al entrenamiento y la disciplina militar», que consisten en un régimen de reglas y ejercicios diseñado para que sus miembros adquieran ciertas destrezas o se comporten de cierta forma. Es similar también a lo que sucede en un equipo deportivo, el cual impone normas de entrenamiento que procuran el desarrollo de ciertas habilidades en sus atletas. En ambos casos, el sometimiento a determinadas reglas y la práctica de ciertas rutinas forman a la persona. ¡La única diferencia con la formación de los hijos es que en ella el entrenamiento incluye toda su vida! Esa es la razón por la que algunas traducciones traducen el término *paideia* como *entrenamiento*.[3]

En este sentido, la dinámica del hogar cristiano debe ser normada y regulada por principios bíblicos. Por ejemplo, las rutinas diarias deben estar regidas por el principio de aprovechar bien el tiempo (Efesios 5:16), el trato mutuo debe responder al principio de tratar a los demás como quiero ser tratado (Mateo 7:12), frente a los conflictos debe predominar la búsqueda de la reconciliación y el perdón (Mateo 18:22). El hogar cristiano cultiva la hospitalidad (1 Pedro 4:9; Hebreos 13:2), practica la generosidad (Hebreos 13:16), se congrega en su iglesia local (Hebreos 10:25), predica el Evangelio (Mateo 28:19). Los hijos deben ver también en su casa que el pecado es reprendido

---

2. Según Vine, *paideia* enfatiza el entrenamiento por medio de actos o acciones; ver W. E. Vine, Merrill F. Unger y William White Jr., *Diccionario expositivo de palabras del Antiguo y Nuevo Testamento Exhaustivo de Vine* (Nashville: Grupo Nelson, 2007).

3. Aunque la mayoría de las traducciones bíblicas (NBLA, RVR1960, NVI, ESV) traducen *paideia* como *disciplina*, la propuesta de traducirla como *entrenamiento* no es nuestra. Hay traducciones bíblicas que lo hacen (NIV84), así como múltiples fuentes con autoridad en traducción de los idiomas bíblicos originales que consideran *disciplina* y *entrenamiento* como sinónimos (James A. Swanson, *Diccionario de idiomas bíblicos* (Bellingham, Faithlife, 1997), Douglas Mangum, Derek R. Brown, *et al. Lexham Theological Wordbook*, formato digital. Henry G. Liddell y Robert Scott, *An Intermediate Greek-English Lexicon* (Omaha: Patristic Publishing, 2019).

y sancionado tal y como Dios lo hace (Éxodo 34:7), pero que Dios es amado y servido (Josué 24:14). La intención de las normas y reglas es que al cumplirlas el carácter de los hijos vaya siendo gradualmente formado conforme sus hábitos van tomando control sobre sus impulsos. Y es importante que cada norma del hogar tenga un principio que la sostenga y que sea entendible, de lo contrario, la norma se consideraría arbitraria y se perdería la motivación para obedecerla. De hecho, a medida que nuestros hijos crecen, comenzarán a cuestionar dichas normas, de modo que los padres debemos estar dispuestos a conversar y ser capaces de explicar las razones detrás de cada disposición, y si alguna no es defendible, debería eliminarse. ¡Eso es lo justo!

En resumen, los padres deberían procurar que todo el funcionamiento del hogar esté basado en principios bíblicos, y que toda interacción familiar y toda circunstancia que la familia experimente entrene a los hijos de alguna manera en «el Señor». Eso es justamente lo que Dios dice que hace con nosotros, lo cual corrobora la Escritura al señalar que «para los que aman a Dios, todas las cosas cooperan para bien» (Romanos 8:28). En otras palabras, todo lo que Dios permite en nuestras vidas tiene un propósito formativo, pues el término «bien» en este versículo se refiere a conformarnos a la imagen de Cristo (Romanos 8:29). ¡Pero esto no es todo!

El segundo componente del plan de formación consiste en la disposición de consecuencias ante los desvíos o pecados de nuestros hijos, es decir, la aplicación de lo que se ha denominado, disciplina correctiva. La santidad de Dios dispone que el pecado debe ser sancionado, pero más aún, debe ser «extirpado». De hecho, este es el sentido de la palabra disciplina (*paideia*) en el siguiente pasaje, el cual se refiere a la forma en que Dios trata con sus hijos cuando se desvían:[4]

---

4. En el pasaje de Hebreos 12:5-11, el sustantivo disciplina (*paideia*) y su forma verbal (*paideio*) aparecen en ocho ocasiones. No obstante, por razones de brevedad solo se presentan los versículos del 5 al 7 y el 11, en los cuales dichas palabras aparecen unas cuatro veces.

Y ya han olvidado por completo las palabras de aliento que como a hijos se les dirigen: «Hijo mío, no tomes a la ligera la *disciplina* del Señor ni te desanimes cuando te reprenda, porque el Señor *disciplina* a los que ama, y azota a todo el que recibe como hijo». Lo que soportan es para su *disciplina*, pues Dios los está tratando como a hijos. ¿Qué hijo hay a quien el padre no disciplina? [...] Ciertamente, ninguna *disciplina*, en el momento de recibirla, parece agradable, sino más bien penosa; sin embargo, después produce una cosecha de justicia y paz para quienes han sido entrenados por ella (Hebreos 12:5-7; 11, NVI, énfasis añadido).

Este es un pasaje muy rico por el detalle que ofrece sobre el proceder de Dios con sus hijos, arrojando valiosas lecciones para nuestra labor de la crianza. De hecho, se podría afirmar que Dios «cría» a los que somos sus hijos, es decir, Él nos entrena. Notemos por un lado la diligencia de Dios al corregir el desvío de sus hijos. Como parte de Su plan de formación, que consiste en tallar en nosotros la imagen de Cristo (Romanos 8:29), nuestro Padre celestial enfrenta con prontitud todo rasgo en nuestra manera de pensar o proceder que no se corresponda con Cristo. Sin duda que nuestra labor de crianza sería mucho más eficaz si pudiéramos atender con un sentido de urgencia los desvíos de nuestros hijos. Pero lo usual es que este importante aspecto de la crianza se posponga, ya sea porque otras cosas ocupan nuestra atención, porque preferimos la aprobación de nuestros hijos por encima de la de Dios, o porque preferimos la armonía indulgente a la confrontación, de modo que dejamos las cosas así, ya que estamos más cómodos.

Por otro lado, no pasemos por alto que en ocasiones el amor de Dios se expresa por medio del azote de sus hijos, es decir, a través de Su disciplina correctiva (v. 6). El hecho de que nuestros hijos sean pecadores implicará que tendremos que enfrentar sus inclinaciones rebeldes y perversas y, al igual que Dios hace con nosotros, habrá ocasiones en las que tendremos que «azotarlos». Para muchos, este proceder resulta inconcebible, y algunos padres se sienten inseguros en cuanto a si esta es la manera más amorosa y «psicológicamente más sana» de proceder. Hoy en día muchos piensan que todo lo que duele daña, pero bíblicamente esto no es así. De hecho, según la Palabra de Dios lo inconcebible es no proceder con el «azote» del hijo cuando hay razones bíblicas que lo justifican, como lo serían la rebelión o el desafío a la autoridad de los padres. Debo aclarar que al usar el término «azotar» no necesariamente me refiero al castigo físico, sino a todo aquello que de alguna manera aflija a quien es objeto de la disciplina correctiva. Observemos un versículo clásico sobre este punto en particular.

El que evita la vara odia a su hijo, pero el que lo ama lo disciplina con diligencia (Proverbios 13:24).

La verdad expresada en este versículo es contracultural, pues el mismo concibe el hecho de no aplicar la «vara» como odio, mientras que entiende como amor la aplicación de la disciplina diligente. Para los que por negligencia o temor no aplicamos oportunamente la disciplina (vara), resulta confrontador saber que Dios interpreta nuestro accionar como una falta de amor por nuestros hijos. Recuerdo que en una ocasión caminaba con mi esposa y uno de mis hijos por una zona residencial. En ese momento, mi hijo tendría unos tres años. Disfrutábamos de una hermosa vista y conversaba con mi esposa de manera distraída. De repente, mi hijo salió corriendo para cruzar la calle y me percaté de que un vehículo iba en su dirección. Con rapidez y determinación, corrí hacia él y lo halé fuertemente por su bracito. No pasó nada grave, pero mi actuación decidida y dolorosa para él evitó un mal mayor. Mi amor por mi hijo le produjo dolor, pero «lo salvó». De esto se trata la paternidad comprometida con la vara, con ella evitamos el atropello espiritual y moral de nuestros hijos. Me parece muy atinada la idea de Bryan Chapell:

> Los niños que no son «detenidos» en su necedad se aproximan a una vida miserable de confrontación y desaprobación de parte de los demás, y lo cito textualmente: Un niño desobediente es una «molestia» para el mundo, pero además es un peligro para sí mismo.[5]

Debo reconocer que la aplicación de la disciplina correctiva (vara) es uno de los aspectos más desafiantes de la crianza, y las razones para ello son varias. En primer lugar, cuando nos enfrentamos a algo reprensible en nuestros hijos, nos enfrentamos también a nuestra propia reacción ante el hecho. A veces nos sentimos decepcionados, frustrados o irritados. En estas condiciones no somos los mejores «jueces» para aplicar una sanción, respondiendo de una forma que pudiera irritar a nuestros hijos y desautorizarnos. Obviamente, el nivel de madurez espiritual de los padres determinará su reacción ante los desvíos de los hijos. Si es el caso que con frecuencia los padres pierden el control de sus emociones al momento de disciplinar a sus hijos, corresponde que se arrepientan ante Dios y sus hijos por tales reacciones e inicien un proceso de cambio intencional.

Una segunda razón por la que la aplicación de la disciplina correctiva resulta desafiante es que debería existir una proporcionalidad entre la gravedad de la falta cometida y la sanción aplicada. En el libro de Levítico encontramos una serie de sanciones que eran reguladas según la gravedad de la falta. Esto es lo justo. Aun los sistemas judiciales seculares proceden así. Los errores de los padres pueden ser en ambas direcciones. Hay

5. Bryan Chapell, *Ephesians, Reformed Expository Commentary*, (Nueva Jersey: P&R Publishing Company, 2009).

padres «flojos» que tienden a imponer sanciones de muy poco peso, lo cual tiene como consecuencia que probablemente el hijo no desista de su curso de acción. Sin embargo, también hay padres «duros» que tienden a «usar un cañón para matar un mosquito». Evidentemente, esta es una situación injusta que tiende a irritar al hijo y a tentarlo a la rebelión. En ocasiones, discernir el peso de la disciplina a imponer requerirá oración y consulta con el cónyuge, o hasta con un tercero. Además, a veces pensamos que se requiere imponer una sanción de manera inmediata ante la falta de un hijo, pero no es así. En varias ocasiones le he dicho a mis hijos: «Lo que ocurrió debe tener consecuencias, pero las debo pensar y luego te las comunico».

Una tercera y última razón que hace difícil la disciplina correctiva es, no el peso, sino el tipo de sanción a emplear. A veces, la ignorancia y la inmadurez de nuestros hijos los llevarán a actuar de maneras que no deberían, aunque las mismas no son dignas de una disciplina correctiva. Quizás ameritan algún tipo de corrección, pero no una sanción, como sería necesario cuando se trata de desvíos pecaminosos. Asimismo, no es lo mismo lidiar con la rebelión de un niño de cinco años que con la de un adolescente de quince. En el primer caso, sería partidario de la aplicación de la vara (Proverbios 22:15), lo que en nuestro país llamamos «pela». En el segundo caso no. Trataría con el adolescente intentando persuadirlo de su error, proponiendo de manera diligente una conversación amorosa, pero firme. Le retiraría algunos de los beneficios de los que disfruta y que quizás no aprecia, y le advertiría que de no cambiar su curso de acción, tendría por su propio bien que aumentar la presión con más consecuencias. Sin embargo, en estos casos, el más poderoso recurso a nuestra disposición es la oración persistente a nuestro Padre celestial para que Él traiga convicción de pecado a nuestros hijos rebeldes. Sin duda que, cuando se trata de adolescentes rebeldes, sería apropiado abrir un espacio de conversación para explorar las razones de su rebeldía y poder pastorearlos a salir de su amargura. ¡Oh Señor, ayúdanos a comprometernos con la santidad de nuestros hijos tanto como Tú estás comprometido con la nuestra!

A pesar de los desafíos que se enfrentan en la aplicación de la disciplina correctiva, la misma nos ofrece una excelente oportunidad para presentarles el evangelio a los hijos que no son creyentes y para que los hijos creyentes lo atesoren aún más. Han sido múltiples las ocasiones en las que luego de alguna disciplina correctiva, terminé conversando con mis hijos de la sutileza y el peligro del pecado y agradeciendo el perdón que tenemos en Cristo. Tengamos muy en cuenta que aun al aplicar la disciplina correctiva hay lugar para que afirmemos el amor a nuestros hijos y es necesario que lo hagamos. La forma de lograrlo es con la comunicación misma de la sanción. Podemos decirle al hijo: «Lamento tener que hacer esto, y aunque duela, entiendo que es lo mejor para ti». Es posible que en ese momento nuestros hijos no sientan ese amor, pero sin duda que nuestras palabras pueden trabajar en sus conciencias más tarde y hacerlos sentir amados a pesar de la disciplina aplicada.

Resumamos lo que hemos visto hasta ahora. A la luz de la frase «la disciplina e instrucción del Señor» (Efesios 6:4), el plan de entrenamiento de nuestros hijos tendría cuatro componentes. El primero, que ya vimos, es un hogar regido por principios bíblicos en toda su dinámica. Bajo este «régimen», nuestros hijos estarían siendo entrenados de manera práctica en la vida que agrada al Señor. El segundo componente, que vimos también, es la aplicación de la disciplina correctiva al entender que nuestros hijos van a desviarse en algún momento. El tercer componente, a ser expuesto próximamente, consiste en lo que el Apóstol Pablo denomina en Efesios 6:4, «instrucción del Señor».

El término «instrucción» traduce la palabra griega *nouthesia*, que literalmente significa «poner en la mente». Puede entenderse como «el entrenamiento por medio de la palabra ya sea de estímulo o, si es necesario, de reprensión o amonestación».[6] Al revisar su uso en distintos versículos[7] se nota un matiz negativo, de corrección, pero siempre verbalmente. De ahí que algunas traducciones bíblicas[8] empleen la palabra «amonestación» en lugar de «instrucción». El propósito de amonestar es darle consejo a alguien para que deje o evite un proceder pecaminoso y/o peligroso. Es decir, en ocasiones la amonestación mira hacia el pasado y corrige lo malo que se ha hecho, pero a veces mira hacia el futuro y advierte las implicaciones de un caminar que no honre a Dios. En este sentido, la tarea de amonestar a nuestros hijos requerirá sabiduría para entender los hechos adecuadamente y demandará que estemos atentos a los caminos en que nuestros hijos andan, pues no puedo corregirlos ni advertirles si no estoy involucrado con ellos. Dicho sea de paso, es muy frecuente que lo que necesita ser amonestado no se vea a simple vista.

Para que nuestra amonestación sea «del Señor» debemos tener en cuenta dos aspectos. El primero es que debe ser *oportuna*. Hay un triste ejemplo bíblico de un padre que no amonestó a sus hijos a tiempo y cuando lo hizo fue muy tarde. Se trata del sacerdote Elí, de quien ya hablamos en un capítulo anterior. Veamos el versículo en el que Dios revela Su inconformidad con la negligencia de Elí al no reprender a sus hijos: «Porque le he hecho saber que estoy a punto de juzgar su casa para siempre a causa de la iniquidad de la cual él sabía, pues sus hijos trajeron sobre sí una maldición, y él no los reprendió» (1 Samuel 3:13).

---

6. W. E. Vine, Merrill F. Unger y William White Jr. *Diccionario expositivo de palabras del Antiguo y Nuevo Testamento Exhaustivo de Vine* (Nashville: Grupo Nelson, 1996), pp. 53-54.
7. Tito 3:10; 1 Corintios 4:14; Colosenses 1:28; Colosenses 3:16; 1 Tesalonicenses 5:14; 2 Tesalonicenses 3:15.
8. La versión Reina Valera Revisada 1960 dice: «Y vosotros, padres, no provoquéis a ira a vuestros hijos, sino criadlos en disciplina y amonestación del Señor» (Efesios 6:4).

El camino de los hijos de Elí se había corrompido, y a pesar de que él lo sabía, tristemente no los reprendió, sino que toleró dicho proceder hasta el punto de que Dios decidió juzgar su casa. ¿Qué pasó aquí? Elí no podía alegar ignorancia de las normas de Dios, pues él era el sumo sacerdote y juez de Israel, ni tampoco del proceder de sus hijos. Él sabía, pero no actuó cuando debió. Lo hizo más adelante (1 Samuel 2:23-25), pero por lo visto ya era muy tarde. Y es que en la crianza de los hijos, si sus patrones pecaminosos no son enfrentados tan pronto hacen su aparición, lo que tiende a ocurrir es que se enraízan en su corazón y se llega a un punto de no retorno.

Hay otro aspecto a considerar en la tarea de amonestar a nuestros hijos, y es que debe ser hecha de tal manera que sea percibida con una expresión de nuestro amor. Una amonestación insensible y burda podría conducir a que nuestros hijos hagan lo que queremos, pero no de corazón. Obviamente, esto no es lo que deseamos como padres. El amor debería ser la «envoltura» de la amonestación e introducirla en una «caja de estímulo». A esto se refiere Pablo al escribirle a los efesios lo siguiente: «Más bien, al hablar la verdad en amor, creceremos en todos los aspectos en Aquel que es la cabeza, es decir, Cristo» (Efesios 4:15).

Según Pablo, la verdad resulta ser «dura» para muchos, pero con amor es aceptada. Muchos padres afirman ser fieles en lo que respecta a decir la verdad, pero son infieles al decirla sin amor. Sin embargo, no dicen la verdad en absoluto, porque aseguran amar y no lo hacen. Esta misma verdad se expresa con otras palabras en el siguiente texto: «La dulzura de palabras aumenta la persuasión» (Proverbios 16:21). Cuando aprendamos a amonestar a nuestros hijos de esta manera, en la mayoría de los casos podremos moverlos en la dirección de nuestro consejo de manera voluntaria y motivada. ¡Ah, quiera el Señor aumentar nuestro compromiso con la verdad, pero también hacernos amorosos como lo es Él!

Resulta conmovedor ver a Pablo haciendo esto cuando les dice a los corintios: «No les escribo esto para avergonzarlos, sino para amonestarlos como a hijos míos amados» (1 Corintios 4:14). Esta es una carta que se considera «dura» para los corintios en el sentido de que el apóstol Pablo los reprende por diversos motivos, pero al mismo tiempo les expresa su amor al aclararles que avergonzarlos no es su objetivo y cierra el versículo con la expresión «hijos míos amados». Hay sin duda una intención de «envolver» su amonestación con amor y estímulo para generar en ellos una disposición aceptar su consejo. ¡A Dios sea la gloria por el ejemplo de nuestro hermano Pablo! Al hacer esto, el apóstol Pablo emulaba a nuestro Dios en Su trato con el pueblo judío en los tiempos de Nehemías.

> Los amonestaste para que volvieran a Tu ley, pero ellos obraron con soberbia y no escucharon Tus mandamientos, sino que pecaron contra Tus ordenanzas, las cuales si el hombre las cumple, por ellas vivirá. Dieron la espalda en rebeldía, fueron tercos y no escucharon. Sin embargo, Tú fuiste paciente con ellos por muchos años, y los amonestaste con Tu Espíritu por medio de Tus profetas, pero no prestaron oído. Entonces los entregaste en mano de los pueblos de estas tierras (Nehemías 9:29-30).

Ante el desvío del pueblo judío, Dios no procedió de manera inmediata con la imposición de consecuencias, sino que los amonestó para que volvieran a Su ley y fue paciente por muchos años», pero ellos no lo escucharon. Aquí lo importante es que Dios combina la amonestación amorosa y paciente con la aplicación firme de la disciplina. Mientras estamos en la etapa de la amonestación, el propósito es persuadir al desviado, pero si no hace caso, la firmeza en las consecuencias es lo que procede.

El cuarto y último componente del programa de formación de nuestros hijos sería la enseñanza regular de la Palabra de Dios. Hasta cierto punto, esto está implícito en todo lo que hemos expuesto hasta ahora. No hay manera de criar a nuestros hijos en la «disciplina e instrucción del Señor» (Efesios 6:4) a menos que la Palabra de Dios sea el «telón de fondo» de todo lo que hacemos. Como ya dijimos, las normas y reglas del hogar deben estar basadas en la Palabra de Dios, la aplicación de la disciplina correctiva también, y de la misma manera la amonestación, pues la Palabra es la vara para medir los desvíos de nuestros hijos y la que nos guía en nuestro proceder personal. Ahora bien, ¿qué consideraciones podríamos hacer sobre la enseñanza bíblica general a nuestros hijos?

La enseñanza bíblica no es responsabilidad de la iglesia primariamente, ni del colegio, ni solo de la mujer, sino que más bien la enseñanza bíblica y la formación de una mente bíblica en los hijos es una responsabilidad de los padres primariamente, y ellos pueden contar con la ayuda de la iglesia y el colegio si es que los hijos asisten a colegios cristianos. También debo decir que el «apetito» de nuestros hijos por la Palabra de Dios dependerá de la calidad de nuestro ejemplo y del interés que nosotros mismos mostremos por crecer en el conocimiento bíblico. ¡Debe haber un compromiso de nuestra parte!

Dicho esto, los padres disponemos de distintos mecanismos para impartir la enseñanza bíblica a nuestros hijos. De manera formal podríamos mencionar tres. Por un lado, el devocional familiar o lo que se ha llamado el «altar familiar»; en adición, la enseñanza bíblica que se recibe por medio de la iglesia local; y por último, la que se recibe a través de la educación cristiana si tenemos acceso a ella. Resulta muy provechoso, aunque tristemente es poco frecuente, que los padres comenten con sus hijos las enseñanzas bíblicas a las que ellos se exponen por conducto de estos medios formales de instrucción.

Sin embargo, hay también un mecanismo informal —pero no por ello poco relevante— para llevar a cabo la enseñanza bíblica de nuestros hijos que debemos considerar. Se trata de lo que hemos llamado en este libro la «instrucción existencial de la Palabra», que no es más que instruirlos bíblicamente mientras vivimos y compartimos con nuestros hijos, aprovechando al máximo las sesiones improvisadas de Biblia y teología que nos ofrece la vida.

En meses recientes, producto de la guerra entre Rusia y Ucrania, uno de mis hijos me abordó con la pregunta de si yo creía posible una tercera guerra mundial. Ese era un temor que él tenía. Mi respuesta fue: «Hijo, ignoro si es el inicio de una guerra mundial, pero lo que sí sé es que nuestro Dios es soberano y el libro de Daniel afirma que Él quita y pone reyes y gobierna las naciones de la tierra. Más aún, Salmos 46 señala que no temeremos aunque la tierra sufra cambios, por tanto, podemos estar tranquilos. Además, ¿qué es lo peor que nos puede pasar? ¡Que nos vayamos con el Señor! ¡Y según dice Pablo, es muchísimo mejor! (Filipenses 1:23)». Su respuesta fue: «Ay sí, papi, sí». Este fue un momento que Dios me regaló para atizar su fe en medio de su temor. Estoy convencido de que esta manera informal y cotidiana de instrucción resulta ser una de las más efectivas para ayudar a nuestros hijos a pensar bíblicamente. No es casual que este sea el método de enseñanza que Moisés le ordena al pueblo judío en el clásico pasaje sobre la crianza y que ya ha sido expuesto en un capítulo anterior:

Estas palabras que yo te mando hoy, estarán sobre tu corazón. Las enseñarás diligentemente a tus hijos, y hablarás de ellas cuando te sientes en tu casa y cuando andes

por el camino, cuando te acuestes y cuando te levantes
(Deuteronomio 6:6-7).

Notemos la responsabilidad de los padres de enseñar a sus
hijos la verdad bíblica en todo lugar y en todo momento. Muchos padres apenas usan este método de enseñanza bíblica, lo
cual es un lamentable error. Desconozco las razones por las que
no lo emplean de forma más frecuente, pero quiero estimular
al lector a estar atento y ser intencional para identificar oportunidades en las que podría ofrecerles a sus hijos la perspectiva
bíblica sobre cualquier tema, incidente u ocasión siempre que
sea posible. Es obvio que poder ofrecer dicha perspectiva requerirá que nosotros mismos seamos más estudiosos de la Palabra
de Dios, pero es lo que corresponde si queremos ser fieles como
padres. Concluyo esta idea con una sabia cita del teólogo Albert
Barnes: «Si un hombre no les enseña la verdad a sus hijos, otros
les enseñarán el error».[9] Pensemos, ¿qué les estás enseñando a
tus hijos? ¿Cómo cazar? ¿Cómo jugar al golf? ¿Cómo animar al
alma mater? Amado, por muy buenas que sean esas cosas, «el
tiempo de papá» con los hijos es siempre un tiempo precioso,
¡asegúrate de que los eventos temporales estén «sazonados» con
una buena dosis de la Palabra eterna![10]

Una atmósfera de estímulo

Tal y como vimos al principio de este capítulo, según Efesios 6:4,
la crianza es una moneda con dos caras. En una cara tenemos el
mandato negativo de la paternidad, lo que debemos evitar los padres, es decir, no provocar a ira a nuestros hijos. Y en la otra cara

9. https://www.studylight.org/commentaries/eng/bnb/ephesians-6.html.
10. https://www.preceptaustin.org/ephesians_64.

de la crianza tenemos el mandato positivo de la paternidad, lo que debemos hacer con nuestros hijos, es decir, criarlos en la disciplina e instrucción del Señor. Ambos mandatos se complementan, pues si no provocamos a ira a los hijos, será más fácil y eficaz criarlos en el Señor; pero al mismo tiempo, si estamos comprometidos a criarlos en la disciplina e instrucción del Señor, resulta poco probable que ellos se resientan contra nosotros. ¡Cuánta sabiduría encontramos en la Palabra de Dios!

Ahora bien, hay un aspecto que no hemos tocado y consideramos importante tratarlo antes de concluir. Veamos el siguiente versículo: «Padres, no exasperen a sus hijos, para que no se desalienten» (Colosenses 3:21). La primera parte de este texto, que ordena a los padres a no exasperar a sus hijos, es paralela a la primera parte de Efesios 6:4, que ordena a los padres a no provocar a ira a sus hijos. Aunque las palabras son ligeramente diferentes, significan lo mismo. Ahora bien, lo interesante del texto de Colosenses es que Pablo muestra lo que él quiere evitar al ordenarles a los padres que no provoquen la irritación o la exasperación de sus hijos, lo cual sería el desaliento. La palabra griega es *athymeo* e implica descorazonarse, andar en un estado apático y malhumorado,[11] o como lo expresan algunas traducciones bíblicas, experimentar desánimo.[12]

El punto que queremos resaltar aquí es que si Pablo quiere evitar el desaliento de los hijos, sería lo mismo decir que él desea promover el aliento y el estímulo de ellos. Entender esto así, tiene un valor particular para nuestra tarea de la crianza, porque entonces deberíamos hacernos la siguiente pregunta: ¿la remoción de lo que irrita a nuestros hijos crea automáticamente estímulo en ellos? Yo pienso que no necesariamente.

11. Curtis Vaughan, «Colosenses». *Comentario bíblico del expositor: Efesios a Filemón*, ed. Frank E. Gaebelein, vol. 11. (Grand Rapids, MI: Zondervan Publishing House, 1981). p. 565.
12. La Nueva Traducción Viviente, que dice: «Padres, no exasperen a sus hijos, para que no se desanimen» (Colosenses 3:21).

A partir de este texto, entiendo que los padres debemos ser intencionales, no solo en lo que respecta a evitar aquello que incita a la ira a nuestros hijos, sino también en incorporar de manera regular que los aplaudamos y celebremos lo que ellos son y hacen según corresponda. La idea es crear una atmósfera de estímulo piadoso. Es mi oración que nuestros hogares sean lugares deseables para nuestros hijos, tal y como lo dijo Warren Wiersbe en su comentario de Colosenses 3:21:

> Si un hogar es verdaderamente cristiano, es un lugar de aliento. En tal hogar, el niño encuentra refugio de las batallas y, sin embargo, la fuerza para pelear las batallas y llevar las cargas de la madurez creciente. Encuentra un corazón amoroso, un ojo que mira, un oído que escucha y una mano amiga. No quiere ningún otro lugar: el hogar satisface sus necesidades. En este tipo de hogar, es natural que el niño confíe en Cristo y quiera vivir para Él.[13]

Evaluemos nuestra crianza

Tal y como vimos a lo largo de este capítulo, la crianza consiste en un plan de formación de nuestros hijos. Dicho plan de formación ha de tener al menos cuatro componentes y la intención de las siguientes preguntas es evaluar si dichos componentes están presentes en tu crianza.

A. ¿Qué tanto de las dinámicas de tu hogar dirías que responde a principios bíblicos? A modo de ejemplo.

---

13. Warren W. Wiersbe, *Comentario de la exposición bíblica.* vol. 2 (Wheaton, IL: Victor Books, 1996).

1. ¿Se aprovecha el tiempo? Efesios 5:16

2. ¿Eres intencional para que el trato mutuo se corresponda en tu casa con «la regla de oro», es decir, que se traten todos como quieren ser tratados? Mateo 7:12

3. ¿Se estimula el servicio mutuo? Marcos 10:45

4. Ante los conflictos, ¿Tienen claro tus hijos que es un deber buscar el perdón y la reconciliación? Mateo 18:22

5. ¿Se cultiva la hospitalidad y la generosidad? 1 P. 4:9; Hebreos 13:2; 13:16

6. ¿Está comprometido el hogar con la iglesia local? Hebreos 10:25

7. ¿Saben tus hijos que el hogar está comprometido con predicar el Evangelio a nuestros familiares y amigos? Mateo 28:19.

8. ¿Es el pecado reprendido amorosamente? Hebreos 12

9. En las desdichas, ¿acude este hogar al Señor? Salmos 46:10

10. Y en los momentos de bonanza, ¿se le atribuye a Dios el mérito y se estimula la gratitud? Santiago 1:17; 1 Tesalonicenses 5:18.

B. Con respecto a la disciplina correctiva.

1. ¿Tienes clara la forma en que debes proceder ante el pecado de tus hijos?

2. ¿Entiendes que esa forma de proceder complace a Dios?

3. ¿Ante el pecado de tus hijos, tienes miedo de proceder con firmeza, sea con reprensión o azote, en el caso que lo amerite?

4. ¿O eres «demasiado rápido» para aplicar el azote, sea físico o de otra forma?

5. Si piensas en aquellos momentos en que has tenido que aplicar la disciplina correctiva a tus hijos, ¿Lo has hecho

gobernado por la ira y la frustración o por la razón y el mejor interés para tus hijos?

6. ¿Han sido tus sanciones proporcionales a las faltas cometidas, o has tendido a ser demasiado «flojo» o demasiado «duro»?

7. ¿De qué manera entiendes que deberías cambiar la forma de aplicar la disciplina correctiva para que ella se acerque más a lo que Dios quiere?

C. Con respecto a la instrucción o amonestación.

1. Ante la necesidad que tengan tus hijos de ser amonestados por un mal proceder, ¿es tu amonestación oportuna? Es decir, ¿lo haces con diligencia, no dejando que ellos avancen en su mal camino? ¿O tiendes a postergar esta importante labor de la crianza?

2. Y cuando los amonestas, ¿Lo haces de una forma que lo entiendan ellos como un acto de amor de tu parte?

D. Con respecto a la enseñanza regular de la Palabra de Dios.

1. ¿Qué tan frecuente es que hables con tus hijos de la Palabra de Dios?

2. ¿Hablas con ellos de lo que aprenden en su escuela dominical, o en su colegio (si es cristiano), o en las prédicas de la iglesia local en la que se congregan?

3. Al hablar con tus hijos de los asuntos cotidianos, ¿eres intencional en darles una perspectiva bíblica de todo lo que acontece?

4. En otras palabras, ¿«sazonas» tus conversaciones con la Palabra de Dios, pero sin caer en el hostigamiento?

APÉNDICE

Enseñando a nuestros hijos a manejar sus finanzas[1]

Tal y como hemos visto hasta ahora, a los padres nos corresponde criar a nuestros hijos «en la disciplina e instrucción del Señor» (Efesios 6:4). Esta frase implica que debemos entrenarlos en el camino que deben andar y advertirles cuando se desvíen de dicho camino, estando seguros de que todo lo que hagamos sea «del Señor». Es decir, tanto la dirección en la que los conducimos como las formas que usamos al interactuar con nuestros hijos deben ser conformes a lo que el Señor mismo haría con ellos. En este sentido, al criar a nuestros hijos tenemos el sublime privilegio de representar a Dios frente a ellos. Y debemos tener en que cuenta que la formación que nos corresponde como padres debería incluir todos los aspectos de la vida de nuestros hijos. En el hogar, ellos deberían ser entrenados e instruidos a vivir de una forma que agrade a Dios sin dejar fuera ningún ámbito de la vida, de tal modo que sean «santos en toda *su* manera de vivir» (1 Pedro 1:15).

De acuerdo con lo dicho, el manejo financiero es uno de esos aspectos en el que debemos formar a nuestros hijos. Ellos

---

1. A lo largo de este apéndice estaré usando los términos «finanzas», «dinero» y «posesiones materiales» como sinónimos.

deberían recibir de nuestra parte tanto la perspectiva bíblica
de lo que son las posesiones materiales como las formas en que
las deben manejar a nivel práctico. Sin embargo, tristemente,
son muchos los padres que no forman a sus hijos en este importante aspecto de la vida y, peor aún, que les ofrecen un mal
ejemplo. En mi experiencia de consejería, son múltiples los casos de hijos que una vez que salen del hogar paterno se encuentran desorientados en cuanto al manejo de sus finanzas, y producto de ello se sumen en problemas matrimoniales y legales,
trayendo consigo aflicción a sus vidas y un mal testimonio al
nombre de nuestro Señor. Y debo aclarar que no podemos pensar que la formación académica, incluso la del más alto nivel,
les dará a nuestros hijos la perspectiva correcta en cuanto a su
manejo financiero. Así podrán aprender técnicas, pero no los
principios y valores que solo provienen de la Palabra de Dios.
Entonces, ¿por dónde empezamos? Tendremos que enseñarles
no solo cómo pensar con respecto al dinero y las posesiones
materiales, sino también cómo manejarlas a un nivel práctico,
y sobre todo que sea «del Señor».

Un primer principio que ayudaría a nuestros hijos a pensar
en las posesiones materiales de la misma forma que Dios piensa de ellas, consiste en considerar que la plenitud y el valor del
ser humano no dependen de lo que se tiene materialmente.
El mundo materialista en el que vivimos piensa diferente, y
muchos entienden que la satisfacción humana depende de la
acumulación material, asocian el éxito con las riquezas y les
otorgan valor a las personas en función de lo que tienen. Nuestro Señor Jesús lo dijo claramente cuando enseñó:

> Estén atentos y cuídense de toda forma de avaricia; por-
> que aun cuando alguien tenga abundancia, su vida no
> consiste en sus bienes (Lucas 12:15).

La avaricia es el deseo de tener más de lo que se tiene, y la razón para ello es que pensamos que teniendo más nos sentiremos más plenos. Para Jesús esto no es así, ya que la vida no consiste en los bienes. De ahí que nos instruye a que estemos atentos y nos cuidemos de la tendencia de nuestro corazón a siempre querer más. Podríamos resumir las palabras de Jesús diciendo: «No quieras más, porque no te llenarás con eso». Nuestros hijos deben escucharnos hablar de este versículo, así como también del que dice: «Los que aman el dinero nunca tendrán suficiente. ¡Qué absurdo es pensar que las riquezas traen verdadera felicidad!» (Eclesiastés 5:10, NTV).

Debemos reconocer que hacer que nuestros hijos entiendan este principio resulta particularmente difícil en el momento histórico que nos ha tocado vivir. Podríamos decir que el «lema» de nuestra generación es: «La vida consiste en los bienes», lo cual es todo lo contrario a lo que Jesús enseñó. ¡Somos estimulados por muchos medios y con mucha frecuencia a pensar que tener más te hará sentir pleno, te hará más valioso, serás exitoso! Por esta razón —y como ocurre con todo lo que queramos transmitirles a nuestros hijos— este principio deberá ser no solo enseñado verbalmente de manera recurrente a lo largo de la crianza, sino que también deberá ser ilustrado y modelado en la práctica de algún modo, si queremos lograr que cale en la mente y el corazón de nuestros hijos.

En este sentido, en nuestro hogar hemos tratado de ilustrar y modelar este principio de varias maneras como forma de que nuestros hijos lo aprendan. Por un lado, las cosas se compran cuando se necesitan, a diferencia de lo que hace la generación materialista en la que vivimos, cuyo criterio predominante para comprar es el deseo o el impulso. En ocasiones, ante alguna petición de mis hijos, razonamos con ellos que lo que piden no es realmente necesario, u optamos por posponer de manera intencional aquello que desean. Esto tiene una doble intención en cuanto a la formación; es decir, al no comprarles siempre lo que quieren se percatan de que pueden continuar con su vida y disfrutar de ella a pesar de no tenerlo todo, y en adición, al posponer sus deseos desarrollan el dominio propio, el cual les será de gran utilidad en otras áreas de la vida. No obstante, en otras ocasiones, una de las razones que les damos para posponer sus peticiones es: «Hemos tenido muchos gastos recientemente y no podemos comprarlo ahora». Con dicho argumento les mostramos que tenemos normas de manejo financiero (presupuesto) que debemos obedecer, lo cual les enseña orden y prudencia.

Aun en las ocasiones en que los padres van a comprar algo para sus hijos, detrás de ello debe haber un criterio de que se hace porque constituye una necesidad. El criterio de los padres para comprar alguna cosa nunca debería ser que lo pueden hacer porque son los que producen el dinero. Cuando este es el razonamiento, los hijos captan la idea de que cuando ellos produzcan su propio dinero podrán hacer lo que quieran con él, y bajo esas condiciones serán presas fáciles de la avaricia que gobierna a nuestra generación. Desde las compras importantes como una vivienda, un auto o unas vacaciones, hasta las compras menores como un celular, ropa, comidas fuera, etc., todas deben estar gobernadas por un criterio de sensatez, de modo que nuestros hijos perciban que nuestra decisión no obedece a un mero impulso.

Esta forma de proceder la hemos decidido aplicar también con los regalos que compramos para los compromisos sociales de nuestros hijos. Me refiero a cuando los invitan a alguna celebración de un amigo o familiar. En la sociedad actual, un criterio usual para determinar qué tipo de obsequio regalar es el nivel socioeconómico del homenajeado. Mientras más alto es dicho nivel, más costoso es el obsequio que sentimos que debemos hacer. De alguna manera, no queremos que dicha persona «piense mal» de nosotros y buscamos su aprobación. ¡Pero nuestro valor no proviene de ahí! Les hemos enseñado a nuestros hijos a regalar cosas útiles y adecuadas a la necesidad de quien las recibe y a nuestras posibilidades económicas. Esto nos ha llevado con frecuencia a hacer regalos más costosos a las personas que tienen más necesidad.

Otra forma en la que hemos decidido vivir el principio de que la vida no consiste en los bienes —según la enseñanza de nuestro Señor Jesús en Lucas 12:15 es dándoles un trato digno a todos aquellos con quienes tenemos algún tipo de interacción. De forma habitual en nuestros días, cuando una persona tiene una visión materialista del mundo, entiende que el dinero le da plenitud y valor al ser humano. De ahí que para esa persona el que tiene más vale más, lo cual se manifiesta en un favoritismo que es obviamente pecaminoso (Santiago 2:9). En cambio, nuestros hijos deben vernos modelar un trato digno, respetuoso y sensible hacia toda persona sin importar su condición social, ya que bíblicamente no valemos por lo que tenemos. Más aún, debemos exigirles que ellos mismos tengan ese trato hacia todos.

Enseñándoles a nuestros hijos de manera recurrente este principio y modelándolo delante de ellos de la forma que hemos descrito, los protegemos del peligro de llegar a amar al dinero, lo cual como dice Pablo «es la raíz de toda clase de mal» (1 Timoteo 6:10, NTV). Es justamente la idea de que el dinero hace pleno al ser humano la que lleva a que este sea amado y perseguido de manera compulsiva y pecaminosa, trayendo consigo ruina y pesar a todos los que piensan de esta forma. Quiera el Señor evitar que nuestros hijos crean esa mentira del materialismo y que por el contrario puedan experimentar la vida abundante que Cristo vino a traer (Juan 10:10).

Un segundo principio bíblico sobre el dinero que debemos trasmitirles a nuestros hijos es que no somos dueños de lo que tenemos, sino simples mayordomos de los recursos de Dios. Esto es lo que se conoce como el principio de la mayordomía. Dios dice en Su Palabra: «Porque Mío es el mundo y todo lo que en él hay» (Salmos 50:12), y este es solo uno de los muchos pasajes en los que Dios afirma categóricamente que todo le pertenece. En este sentido, el ser humano recibe de Dios recursos para que los administre, de modo que no deberían ser nuestros criterios los que determinen el manejo de dichos recursos, sino los criterios de Dios.

Con respecto a esto, nuestros hijos deben escucharnos decir que recibimos de Dios todo lo que tenemos. Somos meros receptores de su bondad, tal como lo son las aves del cielo y la hierba del campo (Mateo 6:25-30).

El principio de la mayordomía tiene varias implicaciones para nosotros como mayordomos, y nuestros hijos deben ser instruidos y formados según dichas implicaciones. Lo primero es que el mayordomo administra los recursos según la Palabra de Dios. El mayordomo ahorra (Proverbios 21:20), contribuye con la obra de Dios (2 Corintios 8:9), paga sus impuestos (Romanos 13:6-7) y es generoso con el necesitado (Proverbios 19:17; Hechos 20:35). Cuando nuestros hijos eran pequeños, teníamos por norma regalar un juguete de los que ya tenían al comprarles uno nuevo. Hoy en día lo que hacemos tanto nosotros como padres y ellos como hijos es que cuando compramos ropa nueva, seleccionamos aquello que ya no usamos y lo donamos. De la misma manera, somos intencionales en que nuestros hijos noten nuestro interés en pagarles bien a los que nos sirven (plomeros, electricistas, camareros, etc.), ser justos con los vendedores ambulantes, y estar atentos a aquellos que piden nuestra ayuda. Nuestros hijos deben ser testigos de nuestra fidelidad en cada uno de estos aspectos, permitiéndoles saber que procedemos así porque no somos dueños de los recursos que tenemos, sino que se nos ha delegado su gestión por un tiempo.

Además, el mayordomo muestra en todo momento una actitud agradecida y confiada con respecto a la condición económica en la que Dios lo ha colocado. Es agradecido porque siempre está mejor de lo que merece, y es confiado porque no siempre está como desea. Les hacemos un gran daño a nuestros hijos a la hora de formar su concepto de las posesiones materiales cuando vivimos en un estado frecuente de queja e insatisfacción por nuestra condición económica. Las desdichas económicas que Dios nos permite experimentar son oportunidades extraordinarias para modelarles a nuestros hijos que nuestro gozo está más allá de lo que tenemos, que nuestra confianza en Dios no depende de lo que Él nos dé, y que nuestra gratitud permanece aún en nuestra estrechez.

No obstante, aun si Dios nos concede la prosperidad económica, debemos ser cuidadosos con el mensaje que les trasmitimos a nuestros hijos en cuanto a dicha situación. Lo común es que nos enorgullezcamos y nos ufanemos por lo que «hemos logrado» cuando en realidad, aunque hayamos hecho un gran esfuerzo, nuestra prosperidad es producto de la voluntad del Dios soberano (1 Corintios 4:7). Sería una gran lección para nuestros hijos que en medio de la prosperidad en lugar de orgullo brotara gratitud, produciéndose gestos de generosidad y no solo una mejora en el nivel de vida de la familia. Una persona que entiende que su prosperidad viene de Dios y por lo tanto está agradecida, lo manifiesta hablándoles a sus hijos de ello, abriendo sus manos para suplir la necesidad de los demás y apoyando la obra de Dios de alguna manera.

Hay algunos principios adicionales que pudiéramos mencionar como parte de la formación de nuestros hijos en lo que respecta al manejo del dinero, pero la intención no es ser exhaustivos, sino dar una idea de lo que pudiera incluir dicha formación. Creo que este aspecto de la crianza nos ha permitido ilustrar con cierto detalle la dinámica que debería ocurrir dentro de los demás ámbitos en la formación de nuestros hijos.

Coalición por el Evangelio es un grupo de pastores, iglesias, y líderes comprometidos con la centralidad del evangelio para toda la vida y el ministerio. Logramos este propósito mediante diversas iniciativas, incluyendo nuestra página web, eventos, y publicaciones. Además, hemos unido esfuerzos con diferentes casas editoriales para producir recursos que enfocan nuestra fe en Jesucristo, y moldean nuestras prácticas conforme a las Escrituras.

Cuando un libro lleva el logotipo de Coalición por el Evangelio, usted puede confiar que fue escrito, editado, y publicado con el firme propósito de exaltar la verdad de Dios y el mensaje del evangelio.

TGC COALICIÓN POR EL EVANGELIO

www.coalicionporelevangelio.org

¿HAS LEÍDO ALGO BRILLANTE Y QUIERES CONTÁRSELO AL MUNDO?

Ayuda a otros lectores a encontrar este libro:

Publica una reseña en nuestra página de Facebook @VidaEditorial.

Publica una foto en tu cuenta de redes sociales y comparte por qué te agradó.

Manda un mensaje a un amigo a quien también le gustaría, o mejor, regálale una copia.

¡Déjanos una reseña si te gustó el libro! ¡Es una buena manera de ayudar a los autores y de mostrar tu aprecio!

Visítanos en
EditorialVida.com
y síguenos en
nuestras redes sociales.